Das Buch

Dear Discrimination ist ein Mitmachbuch, das dabei unterstützen soll, Ally (Verbündete*r) für Bi_PoC, Black/indigenous/People of Color, zu werden und sich antirassistisch weiterzubilden. Der Ally Guide richtet sich primär an eine weiße Leser*innengruppe, die Verantwortung übernehmen und gegen den strukturellen Rassismus in unserer Gesellschaft aktiv werden will. Er lädt zum Dialog und zur sensitiven Selbstreflexion ein.

Die Autorinnen

Wirmuesstenmalreden ist ein netzaktivistisches Kollektiv von drei mehrgewichtigen indigenous und Women of Color. Seit September 2018 bieten sie Black, indigenous und People of Color auf Instagram als @wirmuesstenmalreden und auf ihrem Blog wirmuesstenreden.blogspot. com eine Plattform der Repräsentation, des Austauschs und der Sichtbarkeit und schaffen einen Safer Space für ebendiese. Zu ihrer Arbeit gehört es aber auch, weißen Menschen zu helfen, „Allys", sogenannte Verbündete, zu werden und mehr Empathie für Bi_PoC und deren Marginalisierung zu entwickeln. Online leisten sie unermüdlich Community- und Bildungsarbeit – mutig und laut, wütend und empathisch.

Die Illustratorin

Hannah Marc wurde in Uganda geboren und wuchs in Süddeutschland auf. Für sie war die Welt der Farben seit früher Kindheit eine sehr prägende. Dass Illustration ihre Berufung ist, hat sie vor allem während ihres Modestudiums gespürt. Als Schwarze Frau und Künstlerin „anders zu sein" und „herauszustechen", ist ihre tägliche Lebensrealität. Wie viel Kraft darin steckt, hat sie verstanden, als sie 2014 den Schritt ging, als Illustratorin zu arbeiten. Visuelle Kunst erlaubt ihr, erlernte Realitäten und die damit verbundenen Limitierungen in Frage zu stellen und neu zu definieren. 2020 Teil des Buchprojekts *Dear Discrimination* zu sein, bedeutet für sie auch, das „Racial Awakening" in Deutschland künstlerisch zu begleiten, zu bearbeiten und zu dokumentieren. Hannah Marc wohnt mit Mann und Sohn in Berlin.

Dear Discrimination

Geschrieben von Wirmuesstenmalreden

Mit Illustrationen von Hannah Marc

Dieses Buch gehört:

Vorwort

In den Händen hältst du das Ergebnis eines besonderen Projekts. Es ist kein Buch im klassischen Sinne, vielmehr ein Experiment – literarisch, aktivistisch, verlegerisch.

Dear Discrimination …

> … ist ein Ally Guide, ein Format also, das dir helfen soll, dich antirassistisch weiterzubilden.

> … ist ein Buch zum Mitmachen, Mitdenken und Mitfühlen. In den 13 Kapiteln erwarten dich verschiedene interaktive Formate wie Fragen, Aufgaben, Checklisten und Anregungen zu weiterführenden Gedanken und Gesprächen.

> … klingt mit Absicht wie der erste Eintrag deines Antirassismus-Tagebuchs. Wir haben ein Buch gemacht, dass dich einlädt, verletzlich und verantwortungsbewusst, selbstkritisch und empathisch zu sein. Du entscheidest das Tempo, das Maß an Interaktion und die Vertiefung der Themen.

> … besitzt eine experimentelle Form. Das Buch ist weder Roman noch Sachbuch. Es ist eine Art Essaybuch zum Mitmachen und steht exemplarisch für die Übersetzung netzaktivistischer Inhalte in Verlagsprogramme und Buchtitel.

> … ist der Wille, Menschen eine Plattform zu geben, die in der deutschsprachigen Buchbranche unterrepräsentiert sind, und engagierte Communitys wie Wirmuesstenmalreden in ihrer aktivistischen Bildungsarbeit zu zeigen.

… ist ein Titel aus dem „Jahr des offenen Verlags" und damit ein Beweis für den verlegerischen Mut von Nikola Richter. Gastverleger*innen einzuladen, unter ihrer etablierten Marke mikrotext zu publizieren, bedeutet zunächst einmal eines: Ego abgeben.

... ist das Ergebnis einer intensiven, mehrmonatigen Projektarbeit. Als Team sind wir diesen Weg gegangen, haben Fehler gemacht und viel voneinander gelernt; und oft unter herausfordernden Bedingungen gearbeitet. Die Finanzierung eines Mitmach-Prints wurde mithilfe von Crowdfunding realisiert.

Dear Discrimination ist nur der Anfang, nicht die Lösung.
Ein Versuch, nicht die allumfassende Wahrheit.
Ein Moment im Antirassismus-Diskurs.

Gehe verantwortungsvoll damit um.

Gastverlegerin Laura Hofmann und die Autorinnen von Wirmuesstenmalreden

Inhaltsverzeichnis

Bevor du mit dem Lesen unseres Ally Guides *Dear Discrimination* beginnst, möchten wir dich dazu auffordern, einmal in dich zu gehen und dich ganz offen und ehrlich zu fragen, was dich dazu motiviert hat, dieses Buch zu kaufen. Und jetzt schreibe es auf.

Ich habe dich gekauft, weil ...

1. WIR MUESSTEN MAL REDEN

Wer sind WIR? Worüber müssen wir so dringend reden? Und warum? Herzlich willkommen in unserem interaktiven Ally Guide *Dear Discrimination*. Wenn du unser Buch, digital oder als Print, in deinen Händen hältst, hast du dich bereits dazu entschieden, zum Thema Rassismus zu lernen, oder besser gesagt: zu entlernen. Der allererste Schritt ist also getan. Legen wir los!

In diesem Buch wollen wir, ein netzaktivistisches Kollektiv namens Wirmuesstenmalreden, dich als weiße Person unterstützen, Ally für Bi_PoC zu werden, und dich auf deinem Weg des Entlernens begleiten. Bi_PoC? Bi_PoC ist die für uns aktuell akzeptabelste Bezeichnung für Black, indigenous und People of Color, Menschen also, die von Rassismus und/oder rassistischen Strukturen betroffen sind. Dem Thema Allyschaft widmen wir uns später noch in einem ganzen Kapitel. Die Begriffe Bi_PoC→, Rassifizierung→ und Allyschaft→ liest du übrigens im Anhang nach. Für unser Mitmachbuch gilt: Immer, wenn wir einen kleinen Pfeil→ hinter einen Begriff stellen, bedeutet es, dass du das Wort in unserem Awareness-Glossar findest. So kannst du die Bedeutung gemäß unserem Verständnis nachlesen.

Aber weiter im Buch: Wir möchten dich dazu anhalten aufzuwachen, dein Bewusstsein für verinnerlichte Rassismen schärfen, dein bisheriges Wissen korrigieren und dich kritisieren. Aber wir werden dich auch unterstützen, dir Tools bieten, auf wertschätzende und achtsame Weise mit diesem neuen Wissen umzugehen und dich mitnehmen. Es ist unser Angebot, dir im Prozess des Entlernens beiseite zu stehen, deinen Blick für die diversen Lebensrealitäten von Bi_PoC zu öffnen und deinen Beitrag zu einer rassismuskritischen und antirassistischen Gesellschaft zu leisten.

Bevor wir damit beginnen, unser Wissen zum Thema Rassismus mit dir zu teilen, möchten wir darauf hinweisen, für was wir und dieses Buch stehen. Das „Wir" in unserem Namen Wirmuesstenmalreden ist dir bestimmt schon aufgefallen?! Es beschreibt nicht nur uns als Kollektiv, drei mehrgewichtige, indigenous und Women of Color, sondern bemüht sich auch darum, die unterschiedlichen Lebensrealitäten und Perspektiven von Bi_PoC zu berücksichtigen. Dies wiederum bedeutet nicht, dass wir uns als Sprecherinnen für alle Negativbetroffenen sehen. Das wollen wir nicht. Das können wir nicht. Mit dem „Wir" verdeutlichen wir aber, dass es beim Rassismus-Diskurs vor allem darum geht, Bi_PoC zuzuhören und als weiße Mehrheitsgesellschaft zu lernen, sich selbst weniger zu zentrieren. Bei uns wirst du, so hoffen wir, lernen, zuzuhören und abzugeben – Raum, Macht, Stimme, Ressourcen, Aufmerksamkeit, …

#educateyourself

In diesem Buch wollen wir dir helfen, verinnerlichtes rassistisches Denken und Handeln in unserer Gesellschaft zu verstehen, Verbündete*r für Negativbetroffene→ von Rassismus und Mehrfachdiskriminierung→ zu werden und dich der Frage zu stellen: Was kann ich als einzelne Person, Begünstigte*r und ausgestattet mit meinen weißen Privilegien, dagegen tun? Wir konzentrieren uns dabei kontextuell auf Deutschland.

Dafür haben wir das Format eines interaktiven Ally Guides gewählt. Interaktiv meint hier, dass du kein Sachbuch zum Thema liest, sondern aus unserer seit 2018 täglich stattfindenden netzaktivistischen Bildungsarbeit heraus lernst. Die Themen sind komplex, die Kapitel kurz. Geht das? Haben wir uns auch gefragt. Wir wissen und müssen hier auch noch einmal betonen, dass wir keine umfassende Behandlung des Themas Rassismus bieten können. Aber wir gehen auf eine ganz bestimmte Weise damit um. Wir wollen gern direkt mit dir dazu ins Gespräch kommen und dich mit Fragen, Aufgaben, Praxisbeispielen und Merkboxen lernen lassen. Wir bieten dir Denkanstöße, die dich dazu animieren sollen, eigenständig weiter zu recherchieren und zu lernen, anderen negativ betroffenen Menschen zuzuhören. Menschen, die durch andere Intersektionen➔, Mehrfach- und Schwermarginalisierung➔ täglich auch andere Erfahrungen machen und andere Ansichten, Perspektiven, Wünsche und Bedürfnisse haben als wir; und denen mehr zugehört werden muss als uns. Sie haben die Grundlage für dieses Buch geschaffen, in dem du nun lernen kannst.

Wir sind keine Stellvertreterinnen

Wir können und werden nicht die stellvertretenden Sprecherinnen für alle Bi_PoC sein; besonders nicht für jene, deren Marginalisierung➔ wir nicht teilen und deshalb auch nicht verstehen, erklären und nachempfinden können. Es wäre anmaßend und respektlos von uns zu denken, dass wir das könnten. Bi_PoC sind keine homogene Gruppe. Wir alle haben verschiedene Auffassungen von Antirassismus, Allyschaft➔ und Aktivismus. In diesem Buch geben wir das wieder, was WIR uns als Negativbetroffene wünschen, was wir selbst im Laufe unseres Antirassismus-Prozesses und im Austausch mit anderen Negativbetroffenen, beispielsweise in unserer Community auf Instagram, gelernt haben. Dies ist ein Guide, der sich auf die Vermittlung und Anwendung von Basiswissen konzentriert. Wie du dein Basiswissen zu Allyschaft nach der Lektüre umsetzen kannst, erfährst du am besten, wenn du denen genau zuhörst, die negativ von Rassismus betroffen sind. Dabei gilt es auch zu klären, welche konkrete Form von Rassismus vorliegt (zum Beispiel Anti-Indigeneity/Anti-indigener Rassismus ➜, Antimuslimischer Rassismus ➜ und Anti-Schwarzer Rassismus ➜) und welche Negativbetroffenen-Gruppe welche individuelle Form der Allyschaft benötigt. Wir bieten dir den Einstieg ins Thema, einen Anfang.

Wenn wir den Sammelbegriff Bi_PoC ➜ im Buch verwenden, geht es uns explizit nicht darum, stellvertretend für alle Schwarzen, indigenen und People of Color zu sprechen, sondern sichtbar zu machen, wer negativ betroffen von strukturellem und gesellschaftlichem Rassismus ist. Wenn wir Formen von Rassismus ➜ mitbenennen, von denen wir selbst nicht betroffen sind, geht es uns explizit nicht darum, Räume einzunehmen, die nicht unsere sind, sondern ein Spektrum verschiedener Rassismen und Rassismuserfahrungen aufzuzeigen, sodass du dich dazu eigenständig weiterbilden kannst. An dieser Stelle möchten wir auch darauf verweisen, wie wichtig es ist, Credits zu geben. Auf Seite 180 kannst du unsere Kreditierungen für dieses Buch nachlesen – Quellen und weiterführende Literatur, aus und von denen wir lernen. Auf Seite 184 wiederum kannst du dir deine eigenen Quellen notieren, die du beziehst. Generell gilt: Gib Credits!

Negativbetroffenen von Rassismus obliegt die Deutungshoheit – immer

Aus Erfahrung wissen wir, dass Menschen, die über diskriminierende Strukturen und Machtverhältnisse aufklären, oft mit Whataboutism ➜ ruhig zu stellen versucht werden. „Ist das denn wissenschaftlich belegbar?" werden wir oft gefragt und möchten all jenen, deren Drang nach akademischer Belegbarkeit so groß ist, Folgendes zu bedenken geben: Wissenschaft ist nicht gleich Wahrheit. Viele Menschen vergessen oft, dass nur, weil etwas den Stempel „Wissenschaft" trägt, es nicht automatisch unantastbar und wertneutral ist. Und vor allem: Wissenschaft ist nicht frei von Rassismus und rassistischen Machtstrukturen. Wissenschaft wird auch 2020 mehrheitlich von denen dominiert und definiert, die der weißen Mehrheitsgesellschaft angehören. Das sind oft Menschen, die die Negativbetroffenen-Perspektive nicht mitdenken und Bi_PoC nicht zuhören, sich nicht rassismuskritisch und antirassistisch bilden; Menschen, die akademisch gebildet sind und trotzdem Rassismen reproduzieren, auch ohne es zu wissen. Und natürlich gibt es überdies Akademiker*innen, die ganz vorsätzlich rassistische Theorien und Inhalte verbreiten. Um die soll es in diesem Buch aber nicht vordergründig gehen. Wir wollen den Rassismus ins Visier nehmen, dem wir alle aufgrund von Sozialisation, Bildung und historischer Entwicklung unterliegen und den wir oft gar nicht erkennen, nicht mal erahnen oder einfach nicht wahrhaben wollen.

Bevor du also die Strategie bemühst, uns zu fragen „Könnt ihr das wissenschaftlich belegen?", um deine Verantwortung als weiße Person abzugeben, frag dich besser zuerst, worin genau deine Motivation liegt. Frage dich, wieso du erst bereit bist, Negativbetroffenen zuzuhören, wenn diese ihre Erfahrungen durch entsprechende Fakten, Statistiken und wissenschaftlichen Quellen belegen können und so durch (weiße) Wissenschaftler*innen bestätigt werden. Wozu dieser Whataboutism? Möchtest du wirklich Erlebtes leugnen, Betroffene zum Schweigen bringen, um den Tatsachen nicht ins Auge sehen zu müssen?!

#nichtunserjob

Und so sind wir auch gleich beim nächsten Thema. Im Buch verweisen wir immer wieder auf unsere rassistische Gesellschaft, die Folge von über 500 Jahren und bis heute andauernder Kolonialisierung, Ausbeutung und Diskriminierung ist, und trotzdem sind wir nicht das nächste Lehrbuch zu den Themen Kolonialismus und Imperialismus. Wir bieten hier auch keine Abhandlung zum Begriff „Rassismus", um die Wortherkunft und -bedeutung zu untersuchen. Du kannst sehr gern entsprechende Titel und Quellen beziehen, die genau das zur Aufgabe haben. Das ist nicht unser Job! Genau genommen ist es dein Job, dich zum Thema weiterzubilden, wenn du das Bedürfnis hast, tiefer in die historische Dimension von Rassismus einzutauchen. Und denk dran: Wir empfehlen, dabei immer kritisch zu hinterfragen, wer (auch wissenschaftlich) schreibt und die Negativbetroffenen-Perspektive an erste Stelle zu setzen. Go for it! #educateyourself

Es ist auch nicht unser Job, dir die strukturelle und systematische Unterdrückung, Diskriminierung und Ausgrenzung marginalisierter Menschen zu belegen. Es ist nicht der Job Negativbetroffener, dir ihre Marginalisierung zu beweisen, in der Hoffnung, dass du deren Leid anerkennst und ernst nimmst. Es ist auch nicht die Aufgabe von Bi_PoC, ihre Rassismuserfahrungen mit weißen Menschen zu teilen und ihnen Rassismus zu erklären, sondern es liegt in der Verantwortung weißer Menschen, sich mit diesem Thema aktiv auseinanderzusetzen. Überlege dir einmal, welche Grundhaltung aus einem solchen Verhalten hervorgeht: Weiße fordern Bi_PoC dazu auf, ihre Marginalisierung zu erklären oder zu beweisen. Das ist keine Begegnung auf Augenhöhe, oder? Mehr über diese Von-oben-herab-Haltung liest du im Glossar unter dem Begriff White Supremacy →.

Warum wir so gern Anglizismen verwenden

Wir haben uns zu Anfang viel darüber unterhalten, wie wir damit umgehen, dass intersektionale (Intersektionalität ➔) und antirassistische Diskurse sehr stark – auch im Deutschen – mithilfe von Anglizismen geführt werden. Das liegt einfach daran, dass diese Diskurse ihre Ursprünge im anglo-amerikanischen Raum haben und später von deutschen Aktivist*innen häufig im englischen Original übernommen wurden. Aus diesem Grund haben wir uns dazu entschieden, die meisten der Begriffe in englischer Sprache zu belassen, da wir diese auch vorrangig in unserer netzaktivistischen Arbeit verwenden. Gerade in den Kapitelaufgaben zu einzelnen Ausprägungen von Rassismus kann es außerdem erleichtern, tiefer einzusteigen, da im Netz oft am meisten unter den englischen Fachbegriffen diskutiert wird und du die Diskussionen so besser finden kannst. Uns ist bewusst, dass dies einige Leser*innen anstrengen oder verschrecken kann. Damit können wir leben. Hier geht es nicht vorrangig darum, ein bequemes Leseerlebnis zu schaffen, sondern etwas zum Thema Antirassismus zu lernen. Wir haben aber natürlich Hilfestellungen für den Lese- und Lernprozess entwickelt und bieten dir entsprechende Glossarbeiträge und/ oder die deutsche Übersetzung in Klammern direkt im Text.

Wir machen Fehler

Jetzt, da geklärt ist, wer wir sind, wofür wir stehen und was unser Ally Guide leisten kann, möchten wir zum Abschluss des ersten Kapitels noch unbedingt darauf eingehen, dass Kritik, Verbesserungsvorschläge und auch Widerspruch gegenüber unserer Arbeit ausdrücklich erwünscht sind. Es wäre anmaßend und ignorant von uns zu denken, dass wir in diesem Buch weder Fehler machen noch ausschließen können,

-Ismen zu reproduzieren. Während du dieses Buch also liest, sei kritisch – dir und deinem Verhalten, unserer Gesellschaft, aber auch diesem Buch und uns gegenüber! Uns geht es nicht darum, ein vollkommen fehlerfreies, unantastbares und perfektes Buch zu veröffentlichen, das alles, was wir schreiben, zum Gesetz erklärt. Es geht uns im Ally Guide darum, voneinander zu lernen, sich gemeinsam zu verbessern und zu wachsen, internalisierte -Ismen zu erkennen und zu entlernen – und das schließt uns mit ein. Der Antirassismus-Diskurs ändert und entwickelt sich stetig weiter, weshalb du unser Buch nicht als Regelwerk verstehen solltest, sondern lediglich als Hilfsmittel, um mit deinem eigenen Prozess des Entlernens anzufangen.

Ein Buch zum Mitmachen, Mitdenken und Mitfühlen

Noch eine letzte Info zur Bedienung dieses Ally Guides: In den nachfolgenden Kapiteln arbeiten wir mit Icons, die dir verschiedene Mitmachformate ankündigen. Fragen, die du dir und/oder anderen stellen sollst, werden mit einem Fragezeichen ? angekündigt, Merkboxen durch ein Gehirn 🧠 und Achtungboxen durch eine Hand mit erhobenem Zeigefinger ☝ symbolisiert. Wenn wir dir Aufgaben im oder am Ende eines Kapitels stellen, taucht ein Stift ✎ auf und ist für dich das Zeichen, als Leser*in aktiv zu werden.

Nach jedem Kapitel bieten wir dir außerdem Platz für Notizen, um deine Fragen und Erkenntnisse, Gefühle und Gedanken aufzuschreiben. Das ist ein Mitmachbuch, also schnapp dir einen Stift und fang an, dein eigenes Antirassismus-Journal zu führen.

Platz für deine Notizen und Gedanken:

2. RASSISMUS

Zu Anfang unseres Mitmachbuchs wollen wir gern zwei Fragen stellen:

- 🌰 Was ist Rassismus eigentlich?
- 🌰 Und wie macht er sich in unserem Alltag bemerkbar?

Unsere erste Antwort darauf lautet: Eine simple, allgemeingültige Definition gibt es leider nicht. Wir würden dir liebend gern in zwei einfachen Sätzen erklären, was Rassismus ist und warum und wie er uns tagtäglich begegnet. Aber so einfach ist es nicht, denn Rassismus ist so komplex und tief mit unser aller Geschichte verwoben, dass es mehr als zwei Sätze und eine Buchlänge Zeit braucht, um die Hintergründe wirklich zu verstehen.

Unsere zweite Antwort lautet: Wir definieren Rassismus → als Diskriminierung, Ausgrenzung und Unterdrückung von Menschen, die aufgrund von Merkmalen wie Kultur, Herkunft, Hautfarbe, Haarstruktur und Gesichtszügen einer Gruppe zugeordnet werden, die nicht der eurozentrischen (Eurozentrismus →) Sichtweise entsprechen und gesellschaftlich – in vielfacher Hinsicht – herabwürdigend behandelt werden. Rassismus beschreibt immer ein Machtverhältnis auf systemischer und institutioneller Ebene, das weiße Menschen und deren Lebensrealitäten zentriert. Rassismus, so wie er heute in unserer Gesellschaft manifestiert ist, ist das Produkt von über 500 Jahren Geschichte, die von der Kolonialisierung durch Weiße, dem Imperialismus durch ein weißes Patriarchat und der Ausbeutung von Bi_PoC erzählt. Das Resultat sind bis heute von der weißen Mehrheitsgesellschaft wenig reflektierte, rassistische Strukturen, die sich gezielt gegen Bi_PoC richten – auch wenn das nicht allen Menschen, die diese -Ismen reproduzieren, bewusst ist. Wir leben in einer industrialisierten Gesellschaft, die von weißen Menschen und für weiße Menschen geschaffen wurde.

Wenn du in Lexika den Begriff „Rassismus" nachschlägst oder das Internet dazu befragst, wirst du auf Aussagen stoßen wie: „Rassismus kann jeden Menschen treffen, unabhängig von Herkunft und Kultur." Erinnerst du dich an unseren Definitionsvorschlag, formuliert von Negativbetroffenen, wirst du stutzen und denken: Das widerspricht sich aber, da kann doch was nicht stimmen! Und schon sind wir inmitten eines beliebten Streitthemas, das unter dem Begriff Reverse Racism → zusammengefasst werden kann. Reverse Racism geht von der Annahme aus, Bi_PoC können sich auch rassistisch gegenüber weißen Menschen verhalten. Wie gehen wir nun damit um? Lies dir zunächst noch einmal unsere vereinfachte Definition von Rassismus durch. Und dann befrage dich einmal selbst: Ist es dir schon passiert, dass du dich ausgeschlossen gefühlt hast, wenn eine Gruppe von Bi_PoC unter sich sein wollte (Safer Space →)? Wurdest du schon einmal mit Wörtern bezeichnet, die sich auf deine Herkunft oder dein Äußeres, und wie es von der Gesellschaft gelesen wird, beziehen? Bist du der Meinung, als weiße Person schon einmal rassistisch behandelt worden zu sein? Wir wollen dir zeigen, dass du als Teil einer weißen Mehrheitsgesellschaft nicht negativ von Rassismus betroffen sein kannst, sehr wohl aber Begünstigte*r.

Hier präsentierten wir dir unsere Top 3 der Kommentare, in denen weiße Menschen offensichtlich glauben, Opfer von Rassismus zu sein:

- ▶ „Also, wenn ich als Kartoffel beschimpft werde, kann ich ja auch das I-Wort sagen!"

- ▶ „Ja, dass finde ich jetzt aber gar nicht okay, mich hier als Alman zu beleidigen. Du magst es doch auch nicht, wenn ich dich **** nenne?"

- ▶ „Also ich musste mal 5 Euro mehr im Urlaub für etwas bezahlen, was ein*e Einheimische*r viel billiger bekommen hat. Das ist voll rassistisch!"

Wichtig ist, Rassismus als gesamtgesellschaftliche Struktur anzuerkennen, die mit einer ganz spezifischen Machtkonstellation einhergeht, die wiederum historisch begründet ist und daher auch keine Umkehrung erfahren kann. Rassismus richtet sich gegen Bi_PoC und wurde von und für weiße Menschen erschaffen. Es ist nicht möglich, dass Menschen, die seit jeher von diesem System profitieren, mehr noch, die dieses System erschaffen haben, unter demselben leiden können, beispielsweise durch das Verhalten Negativbetroffener. Solltest du als weiße Person in unangenehme Situationen von Ausgrenzung oder Ungerechtigkeit geraten – ungeachtet dessen, wer sich dir gegenüber problematisch verhält –, kann es sich um eine individuelle Erfahrung von Diskriminierung handeln, aber nicht um Rassismus. Dass es andere Formen der Marginalisierung gibt, von denen du negativ betroffen bist, möchten wir dir nicht absprechen. In *Dear Discrimination* sprechen wir über Rassismus.

„Warum seid ihr so wütend?", denkt ihr euch vielleicht manchmal, wenn ihr im Netz oder im Alltag mit Bi_PoC diskutiert oder aktuelle Debatten verfolgt. Darauf möchten wir an dieser Stelle kurz eingehen. Auch wenn wir in diesem ersten Kapitel davon absehen, dir eine wissenschaftlich recherchierte Definition für Rassismus zusammenzutragen (#nichtunserjob), verweisen wir immer wieder auf unsere rassistisch, kolonialistisch und imperialistisch geprägte Menschheitsgeschichte, die sich bis heute in unserer Sozialisation widerspiegelt. Diese Gegenwart führt dazu, dass Bi_PoC häufig Skepsis und Wut gegenüber weißen Menschen verspüren. Diese Skepsis beruht auf ständiger Ausgrenzung, rassistischen Erfahrungen und der Unterdrückung, die von der weißen Mehrheitsgesellschaft ausgehen. Versuche zu verstehen, dass die Vorsicht, die Wut, die Ablehnung, mit der Bi_PoC weißen Menschen mitunter begegnen, die Folge sich ständig wiederholender Verletzungen, Angriffe und Negativerfahrungen sind. Auch an dieser Stelle verzichten wir darauf, dir die Faktenlage zu demonstrieren, verletzende Fragen wie „Könnt ihr denn beweisen, dass Rassismus wirklich so schlimm ist?" zu beantworten oder unsere Aussagen mit entsprechenden Statistiken zu belegen (#nichtunserjob). Sollten dir diese Gedanken kommen, bist du eingeladen, selbst nachzurecherchieren und Negativbetroffenen, die sich dazu äußern möchten, zuzuhören. Skepsis, Wut, Ablehnung und Distanz können ein Schutzmechanismus sein. Die Verwendung von Bezeichnungen wie „Kartoffel" oder „Alman" sind der Versuch, die Wucht täglicher Rassismuserfahrungen und die Realität eines rassistischen Systems durch Humor zu entkräften. Im Gegensatz zu weißen Menschen verfügen Bi_PoC nämlich nicht über die Macht, Rassismus systemisch oder institutionell entgegenzutreten.

Klassischerweise ist Rassismus in den Köpfen vieler Menschen ganz eng mit Nazis und Rechtsradikalen verknüpft. Sehen wir uns auch das einmal genauer an. Zuallererst: Ja, Nazis und Rechtsradikale sind Rassist*innen. Aber auch Menschen, die sich von diesen Gruppen ganz klar distanzieren, reproduzieren Rassismen. Es wäre, naiv zu denken, dass du trotz rassistischer Sozialisation die Ausnahme bist und diesen nicht verinnerlicht hast. Das haben wir auch. Wir alle sind Teil des Systems. Jetzt denkst du dir vermutlich: „Hä? Aber ich bin doch kein*e Rassist*in. Ich mache das nicht!" Wie bewusst dir die vielen verschiedenen Ausprägungen von Rassismus wirklich sind, werden wir in den nächsten Kapiteln gemeinsam hinterfragen. Es ist unsere Einladung, dir dein eigenes Verhalten und deinen Sprachgebrauch näher anzusehen, deine rassistische Sozialisation eigenständig zu entlernen und internalisierte Rassismen gemeinsam zu bekämpfen.

Sich mit dem eigenen Fehlverhalten und den internalisierten Rassismen auseinanderzusetzen, diese anzuerkennen und zu entlernen ist kein leichter, angenehmer Prozess – auch für uns nicht. Du stehst aber in der Verantwortung, als weiße, möglicherweise mehrfach privilegierte Person die Augen nicht mehr davor zu verschließen und antirassistisch zu handeln; und für dein Verhalten und dessen Auswirkungen wiederum die Verantwortung zu tragen. Es kostet dich Zeit, Geduld und Einsicht, Willensstärke und eine hohe Schmerztoleranz – und du solltest nach der Arbeit mit unserem interaktiven Ally Guide nicht aufhören, dich mit Rassismus zu beschäftigen.
Wir schließen unser Kapitel mit ein paar Fragen und einer Aufgabe an dich. So wird dein Ally Guide zu einer Art persönlichem Antirassismus-Journal, in dem du deine neuen Gedanken und Fortschritte dokumentieren kannst.

Wann hast du begonnen, dich mit dem Thema Rassismus auseinanderzusetzen?

Warum interessiert dich das Thema?

Hast du das Gefühl, Rassismus wird – gesellschaftlich, politisch und medial – in adäquater Weise besprochen?

Wenn du „Rassismusdebatten" in den Medien verfolgst, wen siehst du dort hauptsächlich vertreten? Wer spricht? Wer bekommt eine Bühne?

Gib den (Pseudo-)Begriff „weißer Rassismus/Reverse Racism" ➔ in eine Suchmaschine ein und lies dir einige Beiträge, beispielsweise Zeitungsartikel, Blogbeiträge oder Social Media-Posts und -Kommentare, dazu durch. Beobachte genau, WER WIE darüber spricht. Zur besseren Sortierung deiner Gedanken und Gefühle kannst du dir Notizen zu deiner kleinen Onlinerecherche machen.

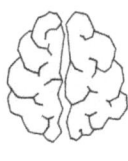

Negativbetroffene von Rassismus, Bi_PoC, sind unterschiedlich von rassistischen Strukturen betroffen, sowohl in der Weise als auch im geschichtlichen Kontext und hinsichtlich der Schwere ihrer Marginalisierung(en). Zu denken, Negativbetroffene würden alle dieselben Erfahrungen machen und auf ähnliche und/oder gleiche Weise unter dem rassistischen System leiden, ist naiv, problematisch und ignorant. Hier ist es wichtig, weitere Intersektionen von Bi_PoC und Schwer- und Mehrfachmarginalisierung ➔ zu berücksichtigen. Daher möchten wir auch, dass du, während du dieses Buch liest, bedenkst, wer hier schreibt und Bildungsarbeitet leistet. Wir wiederholen gern: Wir sind drei cis ➔, indigenous und Woman of Color, die mehrgewichtig und light-skinned → sind. Auch wir mussten uns beim Schreiben des Buchs immer wieder bewusst machen, aus welcher Position wir sprechen und sprechen können; und welche Rolle unsere verschiedenen Marginalisierungen und unsere Privilegien dabei spielen.

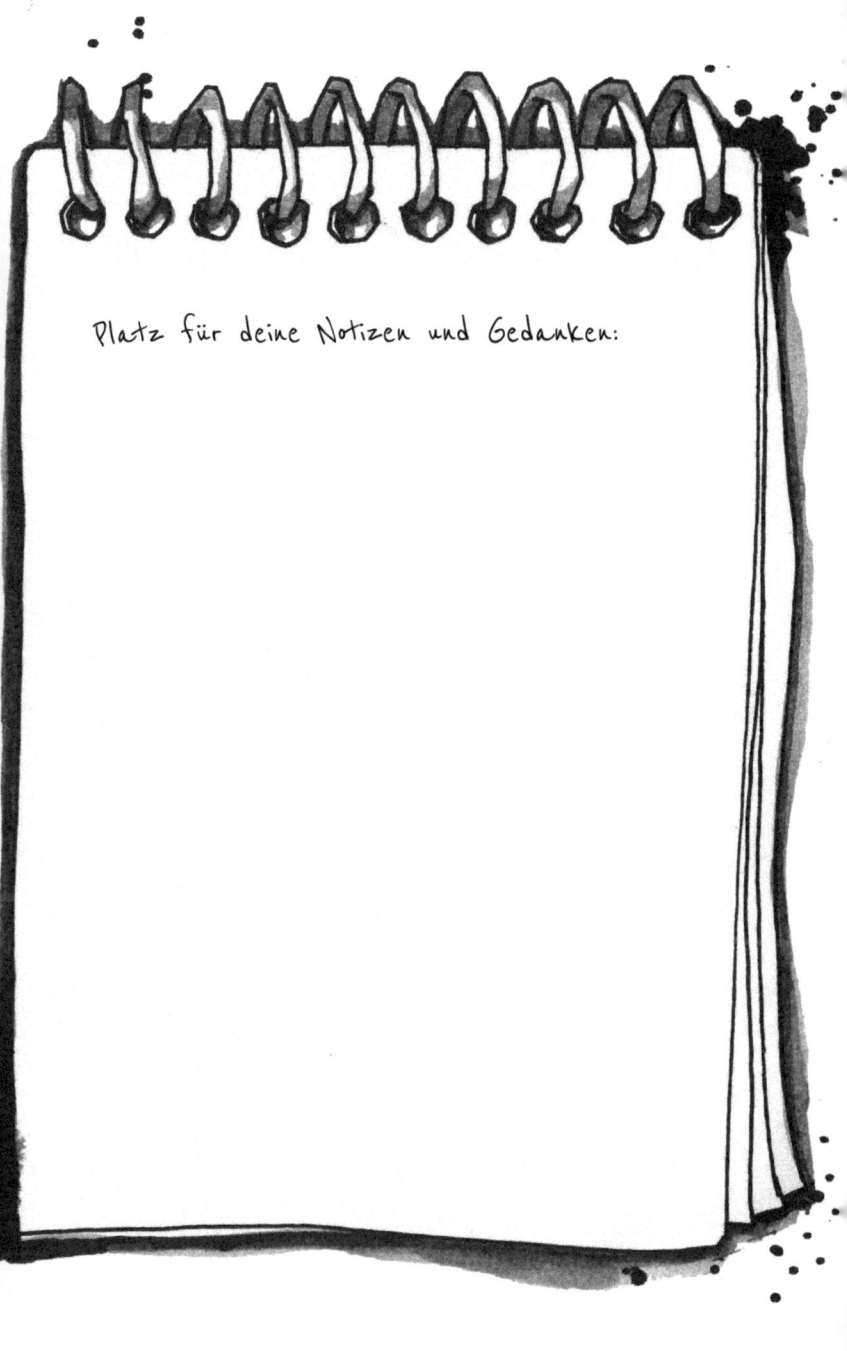

Platz für deine Notizen und Gedanken:

3. WHITE FRAGILITY

Angelernte Werte und Weltsichten kritisch zu hinterfragen, kann ein schmerzhafter Prozess sein, der dich ins Wanken bringt – gerade wenn es um solche geht,

- von denen du als weißer Mensch gelernt hast, sie als Teil deiner Identität zu betrachten,
- die dir eine gefühlte (intellektuelle) Dominanz über Bi_PoC verleihen,
- die dich als weißen Menschen repräsentieren,
- die in der Mehrheitsgesellschaft dominieren und
- von denen du profitierst.

Schließlich hast du bisher in diesem System gelebt und womöglich noch nicht zu oft die Gelegenheit genutzt, negativ von Rassismus betroffene Menschen um ihre Erfahrungen anzuhören.

White Fragility→, auf Deutsch „weiße Fragilität" oder „weiße Zerbrechlichkeit", ist ein Sammelbegriff für die Gefühle und Reaktionen weißer Menschen, die mit ihrem rassistischen Verhalten konfrontiert werden und auf bestimmte Weisen darauf reagieren. Diese Gefühle von Unwohlsein, Scham, Verleugnung und auch Wut sind komplex und in gewisser Weise – bedenken wir die rassistischen und kolonialistischen Machtstrukturen, in denen wir alle sozialisiert worden sind – auch nachvollziehbar. Dennoch sind sie gewaltvoll und gefährlich für Negativbetroffene. Für eine antirassistische Gesellschaft ist es deshalb unbedingt notwendig, den Status der White Fragility zu überkommen beziehungsweise als weißer Mensch auf eine achtsame Weise damit umgehen zu können. Dafür müssen wir diese Gefühle jedoch erst einmal anerkennen, ernst nehmen und verstehen lernen. Du solltest dich also nicht schämen oder leugnen, sie zu haben – ganz im Gegenteil. Wir ermutigen dich in diesem Buch, dich damit – selbstkritisch und sensitiv – aus-

einanderzusetzen. Wahrscheinlich wirst auch du beim Lesen
der nächsten Kapitel Formen von White Fragility verspüren.
Wir wollen uns deswegen gleich zu Anfang damit auseinandersetzen und dein Bewusstsein dafür schärfen.

Da wir in diesem Buch dein Weißsein und deine Rolle in
einem rassistischen System aktiv hinterfragen und auch kritisieren, wirst du dich sicher ab und an unwohl fühlen. Und das
ist gut so! Es ist nachgewiesen, dass der Mensch kognitiv auf
Kritik, die die eigenen Wertvorstellungen angreift, in ähnlicher Weise reagiert wie auf körperlich zugefügten Schmerz.
Bevor du also zu stark in Verteidigungsstellung gehst, atme
einmal tief durch und höre in dich hinein, was dieses Unwohlsein im konkreten Moment ausmacht. Vielleicht fühlst du
dich persönlich angegriffen? Vielleicht missverstanden? Oder
sogar ertappt? Wir kennen White Fragility gut und beobachten
immer wieder, wie weiße Menschen mit Ablehnung, Abweisung und auch Aggression auf Rassismuskritik reagieren. Auch
du wirst also womöglich so empfinden gegenüber denen, die
dich über die Lebensrealität Negativbetroffener von Rassismus
und Mehrfachdiskriminierung und die Rolle, die du als weißer
Mensch dabei spielst, unterrichten. Halte dir vor Augen, dass
Negativbetroffene dich nicht aufklären, weil es ihnen besonders großen Spaß bereitet oder sie dich „ärgern" wollen. Es ist
anstrengend, kräftezehrend und verletzend. Rufe dir deswegen
immer wieder ins Gedächtnis, dass es darum geht, ein System
in Frage zu stellen und letztendlich zu bekämpfen, das Bi_PoC
abwertet und abstuft. Es geht darum, eine Welt zu gestalten, in
der Negativbetroffene, besonders Schwer- und Mehrfachmar-
ginalisierte, endlich unsere Solidarität, unser Verständnis und
unsere Unterstützung erfahren. Versuche auch zu begreifen,
dass es Teil deines weißen Privilegs (White Privilege ➜) ist,
White Fragility-spezifische Gefühle erst jetzt, bei intensiverer
Auseinandersetzung mit Rassismus, zu fühlen. Als weiße Person gehört es nicht zu deinem Lebensalltag, damit konfrontiert

zu sein. Du hast die Möglichkeit, dich auseinanderzusetzen, weil du willst, und nicht, weil du musst.

Worin liegt nun der Kern weißer Fragilität, fragst du dich? Wir finden, dass die Konfrontation weißer Menschen mit ihren internalisierten und reproduzierten Rassismen immer auch bedeutet, zur Verantwortung für die Marginalisierung, Rassismuserfahrungen, Ausgrenzungen und das Leid von Bi_PoC gezogen zu werden. Und wenn man zur Verantwortung gezogen wird, fühlt sich das oftmals im ersten Moment an, als würde man persönlich angegriffen werden. Man neigt dann dazu, zu widersprechen und sich verteidigen zu wollen, vom Gesagten freizusprechen und sich auf diese Weise letztlich der Verantwortung zu entziehen. Das ist uns auch schon passiert, wenn wir auf unser Fehlverhalten angesprochen wurden. Führen wir diesen Gedanken noch einen Schritt weiter: Menschen, die der weißen Mehrheitsgesellschaft angehören und sich beim Thema Rassismus instinktiv von Verantwortung freisprechen wollen, sind nicht in der Lage, Rassismus als strukturelles Problem anzuerkennen. Ein solches Verhalten bedeutet in seiner Konsequenz, die Lebensrealitäten Negativbetroffener zu leugnen, ihre Leiderfahrungen nicht anzunehmen. Und das ist absolut gewaltvoll.

Schauen wir uns Reaktionen weißer Fragilität einmal genauer an. In unserer netzaktivistischen Arbeit als rassimuskritisches Kollektiv und indigenous & Women of Color erleben wir diesen Moment nahezu täglich. Anbei lest ihr einige beispielhafter Kommentare, die uns in unserem Aktivismus-Alltag begegnen:

▶ „Wer Rassismus sieht, ist selbst rassistisch!"

▶ „Ich habe selbst Bi_PoC-Freund*innen und kann gar nicht rassistisch sein."

▶ „Man kann auch wirklich übertreiben!"

▶ „Darf man jetzt wohl gar nichts mehr sagen?"

▶ „Schämst du dich gar nicht, mich als weiß zu bezeichnen? Das grenzt ja schon an NS-Sprache."

▶ „Rassismus gibt es nicht. Ihr könnt außerdem froh sein, dass es den Kolonialismus gab. Sonst würdet ihr jetzt immer noch in Tipis hausen."

White Fragility, so belegen die Beispiele, zeigt sich in Gaslighting➔, Täter-Opfer-Umkehr, Silencing➔ und oft auch in verbaler und körperlicher Gewalt.

Nun, wo wir den Begriff in seinen Ausprägungen eingeführt haben, liegt es uns am Herzen, dass du dich mit diesen Gefühlen auseinandersetzt, weil DU sie hast. Für diese Einführung haben wir uns vor allem so viel Zeit genommen, weil dir gewaltvolle Reaktionen wie eben erwähnte nicht oder nicht mehr passieren sollten. Und genau genommen passieren sie dir nicht einfach, sondern du verhältst dich so, ob nun bisher bewusst oder unbewusst geschehen. Hiermit machen wir es dir bewusst.

Und du kannst dich ab jetzt bewusst dazu entscheiden, Negativbetroffenen nicht mit weißer Fragilität zu antworten. Denn: White Fragility ist eine Form von Rassismus und gewaltvoll gegenüber Bi_PoC.

 Wir möchten noch einmal ganz klar betonen, wie wichtig es ist, dass du dich mit deinen White Fragility-Gefühlen auseinandersetzt. Deine Gefühle, die du als weißer Mensch im antirassistischen Diskurs verspürst, sollen und dürfen nicht zentriert werden. Eine Auseinandersetzung mit deinen eigenen Gefühlen ist aber wichtig, um Bi_PoC vor White Fragility zu bewahren. Es geht um sie, ihre Gefühle, ihre Leben und ihre Würde.

Das dritte Kapitel ist geschafft! Hast du Lust auf eine kleine Übung zur Selbstreflexion? Wir ermutigen dich hiermit, deine aktuellen Gefühle und Gedanken aufzuschreiben oder mit anderen darüber ins Gespräch zu kommen. Wenn du dir die Arbeit machst, deinen inneren Jetzt-Zustand aufzuschreiben, kannst du deine Lernkurve am Ende des Buches besser rekapitulieren. Wir schließen das Kapitel mit ein paar Fragen, die dir bei der Auseinandersetzung mit deiner eigenen White Fragility helfen können:

- Wie ging es dir beim Lesen des Kapitels?
- Ist dir ein Gefühl besonders aufgefallen, sowohl im Positiven als auch im Negativen?
- Hast du etwas Neues dazugelernt?
- Falls du konkrete Situationen in diesem Zusammenhang schon erlebt hast, ruf sie dir in Erinnerung und frage dich, wie du damals darauf reagiert hast.
- Was würdest du jetzt anders machen?
- Wie willst du zukünftig in ähnlichen Situationen reagieren?
- An welche konkreten Personen hast du gedacht, als du dieses Kapitel gelesen hast? Schreibe ihre Namen auf. Vielleicht ergibt sich irgendwann eine Gelegenheit, mit ihnen über „White Fragility" ins Gespräch zu kommen.
- Und falls du Lust auf ein Denken in Bildern hast: Wenn du White Fragility symbolisch darstellen wollen würdest, wie würdest du es zeichnen?

Es ist wichtig, die eigenen Gefühle zu erkennen und konkret zu benennen, bevor man lernen kann, mit ihnen umzugehen, sie zu kontrollieren und zu verändern. Wir haben für dich eine Liste mit Gefühlen vorbereitet, die du einmal durchgehen kannst – als Hilfestellung, weil es oftmals schwerfällt, das eigene Fühlen in Worte zu fassen. Kreise die Gefühle ein, die du beim Lesen des Kapitels gespürt hast. Lass dir für manche Gefühle gern ein bisschen Zeit zum Nachdenken, nimm sie auf, sprich sie aus und grüble ein wenig auf ihnen herum. Gern kannst du die Liste auch ergänzen oder für dich kommentieren.

Wut

Schuld

Ohnmacht

Hilflosigkeit

Kränkung

Verleumdung

Stress

Unwohlsein

Verletztheit

Überforderung

Selbstkritik

Verantwortungsbewusstsein

Uneinsicht

Desillusionierung

Verteidigungs-/
Rechtfertigungsdrang

Betroffenheit

Trauer

Dankbarkeit

Unbehagen

Wissbegier

...

...

...

Platz für deine Notizen und Gedanken:

4. EMPATHIE

Im Netz erleben wir nicht selten, dass weiße Menschen uns erzählen, sie könnten rassistische Erfahrungen machen oder aufgrund ähnlicher Begebenheiten nachempfinden. Aussagen wie „Ich bin neulich auch in eine Polizeikontrolle geraten, ohne dass ich etwas getan habe" oder „Ich wurde bestimmt nach dem Bewerbungsgespräch abgelehnt, nur weil ich Tattoos habe" werden in diesem Kontext gerne verwendet. Empathie kennst du bestimmt als das Sich-in-andere-Hineinversetzen-Können. Wenn wir aber über Rassismus sprechen, sollten wir klar zwischen Mitgefühl und dem Aneignen fremder Perspektiven und Erfahrungen unterscheiden. Im vorhergehenden Kapitel haben wir uns mit deinen Gefühlen als weißer Mensch auseinandergesetzt. In diesem wollen wir darauf eingehen, wieso es noch wichtiger ist, sich mit den Gefühlen Negativbetroffener und dem Begriff Empathy Gap → auseinanderzusetzen. Wir zeigen dir, wie du empathisch sein kannst, ohne negativ von Rassismus betroffen zu sein.

Vielleicht bist du schon einmal in die Lage geraten, mit der – berechtigten – Wut oder Verzweiflung einer von Rassismus negativ betroffenen Person konfrontiert zu werden, und hättest am liebsten gesagt: „Das geht aber auch freundlicher!" Wenn dir dieser Gedanke schon gekommen ist, stell dir Folgendes vor: Du bist die x-te Person, die den gleichen Rassismus reproduziert. Negativbetroffene hingegen sind in der Situation, die Problematik wieder und wieder erklären zu müssen. Hinzukommt, dass die Reaktionen auf Aufklärung oftmals mit Wut und Aggressionen seitens der weißen Mehrheitsgesellschaft (Stichwort „White Fragility") einhergehen. Dies erschwert es der negativ betroffenen Person zusätzlich, sich in ihrer Marginalisierung, ihrer Gefühlen und ihrer Lebensrealität Gehör zu verschaffen. Frage dich, ob du in dieser Situation, die dich existenziell angreift und verletzt, immer ruhig bleiben könntest. Eventuell hättest du auch nicht mehr die Energie und den guten Willen, dein Leid auf konstruktive Weise zu diskutieren. Warum nicht?, fragst du dich jetzt vielleicht.

In politischen Debatten ist es beliebte Taktik, Negativbetroffene in ihren Emotionen anzugreifen und ihnen vorzuwerfen, sie könnten das Thema nicht „neutral" oder „objektiv" besprechen. Wir können gar nicht zählen, wie oft uns unser Wissen zum Thema Rassismus abgesprochen wird, weil wir „zu emotional" sind. Oft wird uns dann gesagt: „Hättet ihr euch konstruktiv dazu geäußert, würde ich euch ernst nehmen." Solche Aussagen sind deshalb so problematisch, weil sie von Negativbetroffenen „Objektivität" erwarten, anstatt sie anzuhören. Das ist gewaltvoll. Es ist das Ausnutzen der eigenen Machtposition, Rassismus zu reproduzieren und Negativbetroffenen danach das Recht auf eine von ihnen selbstbestimmte Reaktion zu verweigern. Du übst Kontrolle aus und stellst dich über Bi_PoC, indem du das Ablegen deines verletzenden Verhaltens an Bedingungen knüpfst. Damit zwingst du Negativbetroffene, sich zwischen ihren eigenen Gefühlen und deiner Aufklärung zu entscheiden (Tone Policing ➜). Dies ist eine Form der emotionalen Entwertung und des Silencing ➜ von Erfahrungen. Es ist rassistisch und gewaltvoll gegenüber Bi_PoC.

Wir wollen noch einmal genauer hinschauen. Ein solches Verhalten dient dazu,

- Bi_PoC aus Diskussionen und Entscheidungen auszuschließen, insbesondere in Bezug auf das Verhandeln darüber, was rassistisch ist und was nicht
- die Leiderfahrungen von Bi_PoC ignorieren zu können
- ein Reden über, aber ohne Bi_PoC zu rechtfertigen
- weißen Menschen eine generelle Neutralität und Objektivität für das Thema Rassismus zuzuschreiben
- und ihnen damit die Deutungshoheit im Rassismusdiskurs zu überlassen
- verleiht letztendlich Macht über marginalisierte Menschen, Diskurssprache und politische Definitionen

Warum aber mangelt es weißen Menschen so oft an Empathie für negativ von Rassismus Betroffene, haben wir uns gefragt. Grund dafür ist unsere rassistische Sozialisierung, die Bi_PoC als anders (Othering ➔), unzivilisiert und ungehorsam wahrnimmt und diese auch so behandelt. Empathie fehlt, wo Eurozentrismus ➔ die Norm erklärt und alles und jede*n, der*die*das davon abweicht, als unterlegen erklärt. Empathie fehlt, wo entmenschlicht wird. Empathie fehlt, wo Menschen nicht entsprechend repräsentiert werden. Empathie fehlt, wo unser Bildungssystem überwiegend und allgemeingültig auf den Erkenntnissen weißer Wissenschaftler*innen basiert. Geschichte wird so üblicherweise aus der Perspektive und zugunsten der weißen Gesellschaft erzählt. Empathie fehlt auch dort, wo sich die Werbung und die Medien, die wir täglich konsumieren, vorrangig an ein weißes, cis ➔ und heteronormatives ➔ Publikum richten. Und manchmal fehlt Empathie auch dort, wo sie zunächst vorgibt, da zu sein. Aus kapitalistischen Gründen. Aus egoistischen Gründen. You name it! Mehr und mehr Unternehmen und Menschen gebrauchen das Label der

Diversität und geben an, Bi_PoC miteinzubeziehen. Hier ist genau zu unterscheiden, wann aus wirklicher Empathie und Allyschaft, nachhaltig und inklusiv (Inklusion ➜) gehandelt wird, beziehungsweise wann eben nicht. Und wie kann ich das erkennen?, fragst du dich. Du kannst beispielsweise recherchieren, inwieweit Bi_PoC in Kampagnen einbezogen worden sind, sie aktiv mitgestaltet haben und wie genau sie darin dargestellt werden. Werden Bi_PoC beispielsweise ausschließlich von mixed-race oder light-skinned ➜ Personen repräsentiert, könntest du analysieren. Weiterführende Gedanken dazu liest du im Glossar unter den Begriffen White Gaze ➜ und Good-White-Person-Syndrome ➜.

Unser Mangel an wirklicher Empathie für Negativbetroffene von Rassismus zeigt den Mangel an Lehre über den politisch korrekten Umgang mit und über die authentischen Lebensrealitäten von Bi_PoC. Dies führt letztendlich dazu, dass nicht nur weiße Menschen Schwierigkeiten haben, Bi_PoC mitzudenken, sondern erschwert es auch Bi_PoC selbst, sich zu sehen und in ihren Bedürfnissen wahrzunehmen. Wenn sich dein Empathievermögen nur auf deine eigene Lebensrealität bezieht, solltest du dringend daran arbeiten. Ein solches Verständnis von Empathie offenbart, dass unsere Gesellschaft Menschen in ihrem Dasein als unterschiedlich wertvoll ansieht. Was passiert, wenn diese Denkweise explizit Einzug ins politische System erhält, hat die Geschichte uns mehrfach gelehrt – und wir sehen es jeden Tag.

Wie genau gehst du nun damit um, wenn du etwas wirklich nicht nachvollziehen kannst? Wenn beispielsweise eine negativ betroffene Person von einer rassistischen Situation erzählt und du das Problem darin nicht erkennst? Erst einmal ist es wichtig anzuerkennen, dass die Entscheidung, ob eine Situation rassistisch ist oder nicht, immer bei den Negativbetroffenen

liegt. Ihre Sicht ist entscheidend und sie müssen die „Echtheit"
ihrer Erfahrung, Gefühle und Gedanken dir gegenüber nicht
beweisen. Eine Situation als rassistisch einzuschätzen, hängt
nicht davon ab,

- 🌑 wie eine weiße Person darüber urteilt,
- 🌑 inwieweit diese fähig ist, die verschiedenen und
  spezifischen Formen von Rassismus anzuerkennen
  (zum Beispiel Anti-Muslimischer Rassismus → und
  Indigenous Erasure →) und
- 🌑 inwieweit eine weiße Person bereit ist, unsere Realität
  – dass wir alle von Rassismus betroffen sind, auf unterschiedliche Weise und mit unterschiedlichen Auswirkungen – anzunehmen.

Deine Unterstützung Negativbetroffener sollte auch nicht von
deiner Fähigkeit abhängig sein, die rassistische Dimension
einer Situation nachvollziehen zu können. Du verstehst nicht,
warum indigene Menschen fordern, das I-Wort → zu verbieten?
Oder Bi_PoC ihre Probleme damit haben, kulturell und eth-
nisch kodierte Frisuren, Kleidung und Gegenstände für Weiße
freizugeben? Dann solltest du anfangen, Negativbetroffenen
zuzuhören, anstatt sofort deine eigene Lebensrealität in den
Fokus zu stellen. Du kannst die schmerzvollen Erfahrungen,
die dahinter stehen, als begünstigte Person nicht machen. Es
ist also deine Aufgabe, dich darüber zu informieren, anstatt die
Norm setzen zu wollen.

In Situationen des Unverständnisses kann es hilfreich sein,
Analogien zu bilden, mit Metaphern und Vergleichen zu arbei-
ten. Du kannst nicht verstehen, wieso eine negativ betroffene
Person verletzt ist? Versuch, dich in eine Situation zu bege-
ben, die für dich bestimmte Parallelen aufweist. Stell dir zum
Beispiel vor, mit einem Wort bezeichnet zu werden, dass dich

verletzt. Du teilst deine Verletzung sogar mit, aber dein Gegenüber ignoriert dein Empfinden und benutzt dieses Wort einfach weiter. Mehr noch, man reagiert aggressiv auf deine Bitte, das Wort zukünftig nicht mehr zu verwenden. Wie würdest du dich fühlen?

Metaphern und Vergleiche können ein nützliches Tool sein, problematisches Verhalten besser zu verstehen und anzuerkennen, wieso und was Negativbetroffene fühlen. Allerdings ist hier Vorsicht geboten, denn die unachtsame Benutzung dieser Werkzeuge kann dazu führen, dass du die Gefühle Negativbetroffener abwertest, relativierst oder gar auf die gleiche Stufe mit deinen eigenen stellst. Auch wenn du mit dieser Technik mehr Empathie für Negativbetroffene entwickeln konntest oder selbst an eine Situation gedacht hast, in der du dich schlecht fühltest, ist es wichtig, herauszustellen, dass Rassismus ein gewaltvolles System ist, welches mit nichts gleichzusetzen ist.

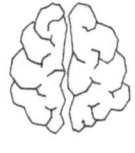

Bedenke auch, dass es sich für Negativbetroffene von Rassismus nicht um Einzelsituationen handelt, sondern ihre Diskriminierung systemisch ist. Rassistische Wörter, wie die Verwendung des N-Worts beispielsweise, werden gesamtgesellschaftlich genutzt und von Rassismusbegünstigten konstant gerechtfertigt und reproduziert. Dies geschieht nicht nur in privaten Räumen, sondern in öffentlichen Debatten, im Rechtssystem und in Bildungseinrichtungen. Schauen wir uns das Beispiel der Verwendung und Rechtfertigung rassistischer Sprache einmal genauer an: Der Gebrauch dieser Wörter ist Negativbetroffenen gegenüber nicht nur gewaltvoll und respektlos, indem ihnen die Mitsprache, die Negativbetroffenheit und auch die Menschlichkeit abgesprochen wird. Halte dir auch vor Augen, dass rassistische Wörter extra für die Diskriminierung, Dehumanisierung und Rassifizierung→ von Bi_PoC erfunden wurden. Rassismus und dessen Manifestationen, wie zum Beispiel rassistische Wörter und Fremdbezeichnungen, werden nicht erst seit Kurzem genutzt. Negativbetroffene sind diesen schon seit Jahrzehnten, teilweise seit Jahrhunderten ausgesetzt. Rassismus ist für sie ein ständiger Lebensbegleiter. Er reicht von Mikroaggressionen über gewaltvolle verbale und physische Übergriffe bis hin zu Mord. Rassismus ist strukturell und lebensbedrohlich.

Wenn du Lust hast, kannst du Kapitel 4 mit diesen Aufgaben abschließen:

Aufgabe 1

Wie funktioniert für dich Empathie? Schreibe fünf Richtlinien/Tipps auf, die du jemand anderem geben würdest, um dich besser zu verstehen. Bedenke aber, dass du ein Buch in den Händen hältst, das dich über strukturellen und institutionellen Rassismus aufklärt. Systemische Diskriminierung ist nicht gleichzusetzen mit individueller Diskriminierungserfahrung. Diese Aufgabe soll dir lediglich dabei helfen, dein eigenes Empathievermögen genauer zu betrachten und zu hinterfragen.

Aufgabe 2

Begib dich auf deinen Lieblingskanal, mit dem du üblicherweise neueste Meldungen aus der Welt konsumierst. Das können Social Media, Tageszeitungen, Blogs, Podcasts oder andere Orte des sich Informierens sein. Und nun schau dir einmal an, wie viele verschiedene Menschen, Lebensrealitäten und Perspektiven dein Medienkonsum tatsächlich beinhaltet. Oder konkreter nachgefragt: Wie viele Bi_PoC hast du abonniert? Wie viele marginalisierte Gruppen sind in deinem Feed repräsentiert? Wie viele Frauen, Menschen mit Behinderungen, Menschen mit anderer ethnischer, kultureller, religiöser, spiritueller, geschlechtlicher oder sexueller Identität sind die Urheber*innen der Inhalte, die du tagtäglich aufnimmst? Hast du schon ein Bewusstsein dafür, die Welt mithilfe verschiedener Perspektiven zu bewerten? Für die Social Media-Nutzer*innen unter uns: Achtest du darauf, deinen Feed intersektional➔ zu halten? Als Test könntest du einmal durch deine Abos scrollen und zählen, welche Stimmen nicht deiner eigenen sozialen Gruppe angehören.

Hast du Bi_PoC abonniert, hinterfrage dich selbst, aus welchen Gründen du diesen Personen folgst. Um Negativbetroffenen zuzuhören? Deinen Blick für verschiedene Lebensrealitäten zu öffnen? Oder eher: Kulturelle Aneignung➔? Fetischisierung? Performative Allyschaft➔?

Aufgabe 3

Suche dir eine tagesaktuelle Debatte zum Thema Rassismus, beispielsweise auf Social Media oder in einer deutschen Tageszeitung, und versuche einmal bewusst, die Perspektive von Negativbetroffenen nachzurecherchieren. Achte auch darauf, inwiefern Bi_PoC – im Vergleich zu Begünstigten – eine Plattform geboten bekommen. Übe das aktive und bewusste Zuhören: Was hast du zu Anfang deiner Recherche über das Thema gedacht? Was denkst du jetzt darüber? Bemerkst du Unterschiede in deiner Wahrnehmung?

Aufgabe 4

Höre, schaue oder lies täglich – sieben Tage hintereinander – die Nachrichten eines bestimmten Kanals, sei es ein Fernsehsender, die Nachrichtenspalte einer Zeitung oder die Nachrichtensendung in einem Radiosender. Notiere dir, über welche Themen und aus welcher Sicht berichtet wird. Schreibe auf, welche Weltregionen vorkommen. Recherchiere auch, wer als Expert*in auftritt. Halte fest, ob dir Informationen fehlen, und überlege, wo du sie finden könntest. Wenn Bi_PoC auftreten, notiere dir, in welcher Funktion und in welchem Kontext.

Platz für deine Notizen und Gedanken:

5. FARBEN BLINDHEIT

▶ „Ich sehe keine Farben. Für mich sind alle Menschen gleich."

Auf den ersten Blick mag die Aussage vielleicht weltoffen oder fortschrittlich wirken. Werfen wir aber einen genaueren Blick darauf, erkennen wir, dass dieses Gedankengut durchaus problematisch ist. Für das Phänomen, Menschen anhand äußerer Merkmale zu kategorisieren und im gleichen Atemzug die damit verbundene systemische Ungleichheit zu leugnen, wählen wir in diesem Kapitel den anschaulichen Begriff „Farbenblindheit". Zu behaupten „In meinen Augen sind alle Menschen gleich" ist ein oberflächlicher Versuch, die Verantwortung abzugeben und die eigene Fortschrittlichkeit im Denken zu beweisen, ohne wirklich etwas gegen Rassismus und dessen Auswirkungen unternehmen zu müssen. Es ist die angenehme und einfache Lösung – für dich. Und sie ist rassistisch. Warum, wollen wir in diesem Kapitel klären.

Wir hören Sätze wie den eingangs genannten ständig, wenn wir Rassismus ansprechen und Menschen darauf hinweisen, dass das, was sie gemacht oder gesagt haben, rassistisch ist. Der Gedanke, dass unsere rassistische Sozialisierung nie stattgefunden hat, dass der von dir verursachte Schmerz und reproduzierter Rassismus nicht real ist, weil er auf Grund deiner Farbenblindheit nicht real sein kann, ist nicht nur falsch, sondern verletzend und gewaltvoll. Wer dieses System als Begünstigte*r leugnet, lässt Gedanken, Gefühle, Erfahrungen und ganze Identitäten verstummen. Überlege also genau, bevor du dich vorschnell zum Thema Rassismus äußerst. Sich als weiße Person im eigenen Denken und Handeln von Rassismus freisprechen zu wollen (das kannst du gar nicht!), bedeutet nämlich nicht nur, die allgegenwärtige Existenz von Rassismus zu relativieren. Es leugnet auch die Tatsache, dass eben doch Unterschiede bestehen, von denen weiße Menschen profitieren und durch die Bi_PoC systematisch, institutionell und alltäglich benachteiligt sind. Sie werden dadurch unterdrückt, diskriminiert und ausgegrenzt – und du „siehst" das nicht.

Wenn du das leugnest, sagst du damit auch, dass du die Rassismuserfahrungen und den damit einhergehenden Schmerz, den Negativbetroffene durchmachen müssen, nicht siehst – und nicht sehen willst, denn Bi_PoC sagen es dir ja! Stattdessen bist du mehr damit beschäftigt, deine Verantwortung und Rolle als weiße Person in einem rassistischen System abzuweisen und dich als weltoffen zu bezeichnen. Du zentrierst dich als Begünstigte*r im Diskurs um Rassismus. Ist das fair? Nein.

Es gibt ein mittelalterliches Sprichwort, das im Deutschen sinngemäß heißt: „Höre, sieh und schweige, wenn du in Frieden leben willst." Es verdeutlicht ganz gut, warum Menschen dazu neigen, gesellschaftliche Ungerechtigkeit und die Rolle, die wir selbst dabei spielen, zu leugnen. Wenn du die Augen vor einem solchen Problem verschließt, kannst du vielleicht ganz gut weiterleben, aber das Problem wird nicht verschwinden. Mehr noch: Es wird dadurch zu einem noch größeren Problem für Negativbetroffene. Es geht um Verantwortung – immer. Wenn du also sagst, dass du keine Unterschiede siehst, „keine Farben", dann machst du dir etwas vor. Natürlich willst du damit ausdrücken, dass für dich alle Menschen gleichwertig sind, du selbst bemüht bist, keine Unterschiede zu machen. Aber du machst es damit nur schlimmer. Denn machen wir uns nichts vor: Wir alle sehen unterschiedliche Hauttöne, unterschiedliche Ethnien, Kulturen und Religionen. Und wir alle wurden so sozialisiert, mit unterschiedlichen Hauttönen, Ethnien, Kulturen, Religionen und letztendlich Menschen unterschiedliche Assoziationen zu verbinden. Wir machen Unterschiede, die für weiße Menschen von gesamtgesellschaftlichem und institutionellem Vorteil sind und Bi_PoC unterdrücken. Wer behauptet,

„farbenblind" zu sein, verrät damit, lieber nicht hinsehen zu wollen, anstatt sich mit der schmerzvollen Wahrheit auseinanderzusetzen.

Statt dir also Ausreden einfallen zu lassen, die dich aus der Situation herausmanövrieren sollen, hör Negativbetroffenen zu und versuche zu verstehen, was diese dir zu sagen haben. Farbenblindheit bedeutet, die Augen vor der Realität zu verschließen. Es ist rassistisch und bringt Bi_PoC in Gefahr.

Eine andere Form der Farbenblindheit ist die Tokenisierung➜ von Bi_PoC. Wir geben dir ein Beispiel und besprechen es zusammen. Jemand sagt zum Beispiel:

▶ „Ich kann gar nicht rassistisch sein, mein Freund ist Bi_PoC."

Eine solche Aussage behauptet, du könntest gar nicht rassistisch sein, da du negativ betroffene Freund*innen hast und dich diese Tatsache auf gewisse Weise immun dagegen macht, rassistisch zu handeln. Spätestens an dieser Stelle müssen wir deine Pink Bubble➜ in unserem Mitmachbuch leider platzen lassen. Stell dir jetzt gerade einmal einen großen, lauten Knall vor: BOOOUM! So einfach ist es nämlich nicht. Kurz erschrocken? Dann hol mal tief Luft. Immerhin haben wir uns in *Dear Discrimination* einen achtsamen Lernprozess vorgenommen.

Wieder ein bisschen erholt? Gut, dann weiter. Bi_PoC sind keine Alibis. Sie als solche zu benutzen, ist nicht nur respektlos, es ist auch rassistisch. Denn hier werden Negativbetroffene ausgenutzt, um als „Zeugnis" für weiße Menschen zu fungieren. Eine solche Äußerung sagt viel über dich und dein Denken aus. Es zeigt, dass du Negativbetroffene nicht als vollwertige, gleichberechtigte Menschen wahrnimmst. Du denkst sie in einer

Kategorie, nicht als Individuen. Und du instrumentalisiert sie, um dich von Verantwortung freizusprechen. Es geht hier also mal wieder viel um dich und wenig um Negativbetroffene. Falls du dich jetzt ertappt fühlst, weil du diesen Satz auch schon einmal gebraucht oder ihn bei anderen abgenickt hast, frage dich, warum es für dich okay ist, negativ betroffene Freund*innen dafür zu bemühen, deine Weltoffenheit und deinen Antirassismus zu beweisen. Sind sie wirklich deine Freund*innen oder ging es dir beim Knüpfen freundschaftlicher Bande vor allem darum, dir selbst das Label „divers" geben zu können? Besonders dann, wenn weiße Menschen mit derartigen Aussagen, wie in diesem Kapitel besprochen, in Diskussionen und Gesprächen mit Bi_PoC auf Rassismusvorwürfe antworten, sollten wir reagieren. Oder anders formuliert: Mache dir klar, dass die Präsenz von Bi_PoC in deinem Umfeld dich nicht von Rassismus freispricht.

Bereit für den nächsten Knall? Hier kommt er: Als weißer Mensch Rassismen zu reproduzieren, kann und wird dir immer und überall passieren. Auch wir als netzaktivistische, indigenous und Women of Color sind davon nicht auszuschließen – niemand ist das. Es ist egal, wie stark antirassistisch du dich weiterbildest, wie viele Antirassismus-Demos du besuchst, wie viele negativ betroffene Freund*innen du hast, und es ist sogar egal, ob du Kinder hast, die Bi_PoC sind. Statt also deine nicht-weißen Freund*innen als Ausrede zu benutzen, frag dich ab jetzt lieber:

- Wie sind meine Freund*innen, die Bi_PoC sind, von Rassismus betroffen?
- Inwieweit sind sie von meinen reproduzierten Rassismen betroffen?
- Was kann ich tun, um ein*e bessere*r Ally für meine Freund*innen zu werden?

Wenn du denkst, dass deine Bi_PoC-Freund*innen nicht negativ von Rassismus betroffen sind, dann schaust du nicht genau hin. Du kannst die drei Fragen als Ausgangspunkt für ein sensibel geführtes Gespräch mit ihnen nutzen – insofern diese für ein solches einwilligen. Hier können wir dir nicht sagen, was du am besten tun solltest, denn wir können nicht für sie sprechen. Es liegt in deiner Verantwortung, sensitiv mit ihnen und ihren Bedürfnissen umzugehen. Und wie kann ich es ab jetzt besser machen?, fragst du dich. Verantwortungsvoll mit deinen Privilegien umzugehen, kann für den Anfang bedeuten, wirklich Arbeit und Energie zu investieren, dein bisheriges Verhalten im Rassismus-Diskurs zu hinterfragen, das Problematische darin anzuerkennen, um es wirklich entlernen zu können, und dich für die Negativbetroffenen-Perspektive zu sensibilisieren.

 Falls dieses Kapitel deine Pink Bubble→ zum Platzen gebracht hat, notiere dir in den Gedankenwolken darunter, welches Wissen über Rassismus für dich neu ist. So kannst du später beim Durchblättern deinen Lernprozess besser nachempfinden und mögliche Initialgedanken und Geistesblitze in zukünftige Diskussionen einfließen lassen. Wenn du Lust hast, male die Gedankenwolken pink aus, so wirst du diesen Knall – den symbolischen Moment deines Die-Augen-geöffnet-Bekommens – garantiert nicht wieder vergessen.

Platz für deine Notizen und Gedanken:

6. DIVERSITAET

Oftmals wird das Label der Diversität ausgenutzt, um vorhandene weiße Machtstrukturen, Eurozentrismus➔ und damit einhergehende Schönheitsstandards zu relativieren, zu leugnen, zu vertuschen und zu bekräftigen. Damit wird versucht, Kritik zu entkräften, ganz nach dem Motto: Wo ist das Problem? Wir bieten doch Bi_PoC-Repräsentanz. Ebenso wird versucht, durch oberflächliche Gesten und performative Allyschaft➔ vom eigentlichen Problem abzulenken: systematischer und institutioneller Rassismus. Rassismus kann nicht durch oberflächliche Repräsentation Negativbetroffener aufgelöst werden. Der Begriff White Supremacy➔ geht näher auf besagte Machtstrukturen ein.

In vorherigen Kapiteln haben wir schon das ein oder andere Mal den Begriff der Diversität verwendet. In diesem Kapitel erklären wir, wieso die Vorgabe oder Umsetzung von Diversität als Inklusionsmaßnahme problematisch sein kann. Die Diversität, die in medialen Diskursen oft thematisiert wird, mag für viele Menschen positiv besetzt sein. „Inklusiv", „fortschrittlich" und „Vielfalt" sind Worte, die immer wieder in diesem Kontext fallen. Viel zu häufig aber werden Bi_PoC benutzt, um als Aushängeschild für vermeintliche Weltoffenheit herzuhalten. Dass Negativbetroffene weiterhin der allgegenwärtigen gesellschaftlichen Ignoranz, Rassismus, Diskriminierung und Ausgrenzung ausgesetzt sind, ist die Realität – auch verursacht durch jene, die Diversität für ihre Zwecke instrumentalisieren. Denn wer entscheidet letztendlich, ob und wer repräsentiert wird oder nicht, wie und wo? Bi_PoC werden ausgenutzt, um das Image weißer Unternehmen und weißer Menschen zu polieren. Die gesellschaftliche Grundproblematik Rassismus bleibt aber bestehen und wird dabei oftmals überhaupt nicht kritisch mitgedacht. Wie oft gab es in den letzten Jahren berechtigte Kritik von Bi_PoC zu höchst problematischen und rassistischen Werbekampagnen, die ursprünglich das Gegenteil suggerieren sollten? Und in welchen Kontexten ist Diversität nun nochmal so problematisch? Wir schauen genauer hin.

Diversität leben, ohne gesamtgesellschaftlichen, institutionellen und den eigenen Rassismus bekämpfen zu wollen, sagt viel darüber aus, warum sich jemand dieses Labels bedient. In dem Falle dann jedenfalls nicht, um wirklich für Diversität einzustehen. Diversität funktioniert nur im Zusammenhang mit Antirassismus; und auch nur dann, wenn die eigene Sozialisation selbstkritisch reflektiert und die Inklusion → von Bi_PoC konsequent, nämlich strukturell und alltäglich, umgesetzt wird – und zwar nicht nur vor der Kamera, sondern insbesondere auch in den jeweiligen Machtpositionen hinter den Kulissen. Wer Diversität nur durch die bloße mediale Darstellung von Bi_PoC umsetzt, gaukelt das Bild einer rassismusfreien und vielfältigen Gesellschaft vor. Was aber wirklich passiert, ist die Ausnutzung von Bi_PoC für die Zwecke der weißen Mehrheitsgesellschaft. Gründe für den Diversitätszirkus können ganz unterschiedlich sein, beispielsweise das eigene Gewissen beruhigen zu wollen (White Guilt →) oder Bi_PoC zu exotisieren, für das eigene Lustempfinden, um damit Geld zu machen, zur Aufpolierung des eigenes Images (White Gaze →) und weitere. Negativbetroffene werden also ausgenutzt, ausgebeutet und deren Kulturen, ihr Sein angeeignet, ohne Bi_PoC wirklich zu unterstützen und rassistische Strukturen zu bekämpfen. Bi_PoC werden weiterhin marginalisiert, unterdrückt und auch getötet, wenn das Thematisieren ihrer Identität und das Zeigen ihrer Körper nicht auch folgende Aspekte beinhaltet:

- die Aufklärung über eben diese Marginalisierungen
- Bewusstwerdung der eigenen Privilegien
- Erkennen der eigenen Verantwortung in der Antirassismusarbeit und den globalen Dekolonialisierungsprozessen

Die Realität in 2020 sieht jedoch ganz anders aus. Was wir sehen, sind viel zu häufig große Unternehmen oder Marken, die den Begriff der Diversität für sich beanspruchen, um die Zuneigung und Sympathie der Masse zu erkaufen, damit offen, trendig und inklusiv zu wirken und sich somit auch selbst das Gewissen zu erleichtern: „Wir tun genug!" Dies dient auch dazu, weißen Konsument*innen das Gefühl zu geben, dass sie ebenfalls diese „Weltoffenheit" und „Diversität" leben. Es führt dazu, dass sie die Realität einer gänzlich rassistischen Struktur und Gesellschaft und ihre Rolle als weiße Person in eben genannter leugnen können – mit Gedanken à la „Es findet so viel Diversität statt, also kann es keinen Rassismus geben, und ich unterstütze das ja, also bin ich auch nicht rassistisch." Es vermittelt Konsument*innen das falsche, weißgewaschene Bild einer rassismusfreien Welt (White Comfort →) und dient als Taktik des Silencing → und Unsichtbarmachens aller, deren Lebensrealität eine ganz andere, nämlich eine von Rassismus dominierte Welt ist. Letztendlich trägt es dazu bei, Rassismus und das rassistische System, in dem wir leben, zu leugnen und damit zu erhalten.

 So oft nutzt die Werbeindustrie politische Bewegungen marginalisierter Menschen aus und eignet sich diese an, um ihre Produkte besser zu vermarkten. Dadurch werden weitere Zielgruppen erschlossen, die sich vorher nicht von diesen Produkten angesprochen gefühlt haben. Weitere Zielgruppen bedeuten mehr Profit. Toll! Ob wir es wahrhaben wollen oder nicht: Das Label der Diversität verkauft sich gut.

Was passiert nun, wenn Unternehmen und Menschen nur aus Profitgründen divers wirken wollen, politisch aber nichts gegen Rassismus tun? Welchen Einfluss hat es auf uns, immer dieselben Normen und Gruppen vertreten zu sehen? Hast du schon einmal darüber nachgedacht, wie es unser aller Lebensrealität beeinflusst? Das ist ein riesiges Problem! Es führt nämlich dazu, dass Menschen, die der gesellschaftlichen Norm entsprechen, sich eher mit Menschen umgeben, die so sind, wie sie selbst oder in denen sie sich zumindest teilweise wiedererkennen können. So wird eine wirtschaftliche Umgebung geschaffen, in der Menschen mit ähnlichen Ansichten Menschen einstellen, die ähnliche Interessen vertreten, Kompetenzen und Weltansichten haben und auch ähnliche Entscheidungen treffen. Diese Entscheidungen wiederum werden dann auch über und für Menschen getroffen, die ihnen nicht so ähnlich sind, deren Lebensrealitäten sie nicht verstehen können und somit auch nicht deren Bedürfnisse und Wünsche. Dieses Machtgefälle – weiße Menschen befinden sich gegenüber Bi_PoC in der Machtposition – führt dazu, dass weiße Menschen Entscheidungen für und über Negativbetroffene fällen, die rassistische und kolonialistische Strukturen aufrechterhalten.

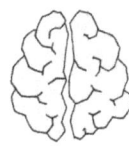 Was kann ich als Einzelne*r tun, fragst du dich jetzt? Du könntest deiner Ausbildungsstätte/ deinem Unternehmen/einer Institution, mit der du kooperierst, beispielsweise vorschlagen, Bi_PoC für ein Antirassismustrainung einzuladen und adäquat für ihre Aufklärungs- und Bildungsarbeit zu bezahlen. So könntet ihr ein Gespräch darüber eröffnen, wie wahre Diversität im Unternehmen gelebt werden kann.

Im Kapitel „Empathie" haben wir schon dazu angeregt, deinen Medienkonsum mit mehr Bewusstsein für Vielfalt zu gestalten und Accounts und Menschen zuzuhören, die dir vielleicht nicht so ähnlich sind, heißt, die andere Lebensrealitäten, Intersektionen ➜ und Marginalisierungen ➜ besitzen als du. Wir empfehlen daran anknüpfend: Lies mehr Bücher, Artikel und

Nachrichten, schau Filme und Serien, höre Hörbücher und Podcasts, die Inhalte fern deiner eigenen Bubble erzählen! Es gibt so viele Möglichkeiten, sich zu informieren und zu engagieren.

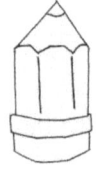

Aufgabe 1

Auch dieses Kapitel möchten wir mit interaktiven Aufgaben abschließen. Wenn du das nächste Mal Werbung konsumierst, die dir auf den ersten Blick „divers", „vielfältig" und/oder "inklusiv" erscheint, wirf einen zweiten, genaueren Blick darauf und beziehe dein neu erlerntes Wissen ein. Du kannst es üben, indem du dir eine passende Kampagne aus den Medien heraussuchst, beispielsweise in Social Media, Blogbeiträgen, Artikeln, Katalogen oder Printmagazinen. Nun versuche, die folgenden Fragen zu beantworten:

- Wie viele Bi_PoC siehst du in der Kampagne/dem Artikel/Beitrag oder Ähnlichem? Wie viele weiße Menschen sind abgebildet?
- Gehören derartige Diversitätskampagnen und -bestrebungen zum Ethos der Firma oder wird die Aktion als Sonderbeitrag präsentiert?
- Wie viele dieser Menschen, die so aussehen, wie die in der Werbung unter dem Label „Diversität" repräsentierten, arbeiten auch tatsächlich bei dem Unternehmen, das die Kampagne veröffentlicht hat, mit?
- Welche Rolle/Position/Funktion besitzen Bi_PoC im Unternehmen?
- Unternimmt das Unternehmen aktiv etwas gegen die Diskriminierung und Unterdrückung marginalisierter Menschen, die sie für das Diversitäts-Label ihrer Werbung benutzen?

● Sind auch Negativbetroffene repräsentiert, die mehr-
fach- und/oder schwermarginalisiert➜ sind?

Aufgabe 2
Fertige eine Mindmap zum Thema „Diversität" an.
Eine Mindmap ist eine Art Gedankenlandkarte,
die dir dabei helfen kann, ein komplexes Themen-
gebiet visuell darzustellen und dir zu erschließen.
Mindmaps werden nach einem bestimmten Prinzip
erstellt: Sie bedienen sich einerseits deiner Assoziationen zum Thema und nutzen andererseits deine
Fähigkeit, in Kategorien zu denken. Im Gegensatz
zum Brainstorming, bei dem du wild alle Ideen,
Gedanken und Assoziationen sammelst, nimmst du
beim Mindmapping schon eine Strukturierung des
Themas vor. Falls dir diese Aufgabe nach einmali-
gem Lesen dieses Kapitels noch schwer fällt, lies es
doch noch einmal und markiere dir wichtige Schlagwörter zu „Diversität" farbig oder suche im Glossar
nach themenrelevanten Wörtern, die du später in
die Mindmap einarbeiten kannst. Auch könnte dir
deine Eigenrecherche aus Aufgabe 1 helfen, geeigne-
te Inhalte für deine Diversitäts-Mindmap zu finden.
Einige Begriffe haben wir dir für den Einstieg schon
eingetragen.

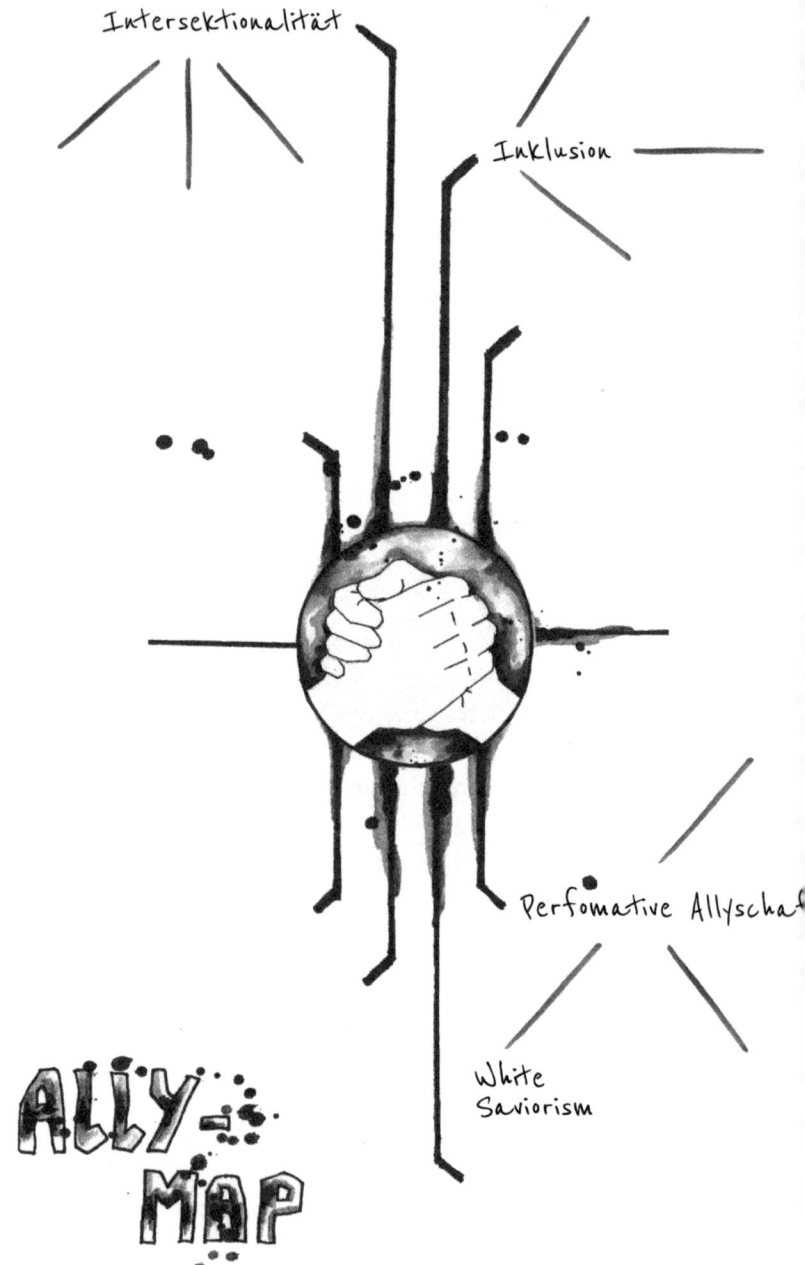

Intersektionalität

Inklusion

Perfomative Allyscha[ft]

White
Saviorism

ALLY-
MAP

Platz für deine Notizen und Gedanken:

Was uns als aktivistisches Kollektiv vor allem auffällt, ist das Verhalten vieler weißer Menschen gegenüber Negativbetroffenen, die Zeit, (emotionale) Arbeit und Energie investieren, um sie über unser rassistisches System aufzuklären. Aussagen wie „Das ist euer Job!", „Macht euren Job gefälligst richtig!" oder „Ich würde euch zuhören, wenn ihr …" haben wir zu oft gehört und uns mit anderen Aktivist*innen ausgetauscht, die Ähnliches erleben. Dieses Kapitel widmen wir daher denen, die denken, es wäre der Job Negativbetroffener, sie aufzuklären. Dieses Kapitel ist auch für die, die sich jetzt unwohl fühlen und gern zukünftig sensibler auf die Situation Negativbetroffener eingehen würden. Kapitel 7 ist außerdem für jene, die das Problem hinter dem Satz „Das ist euer Job!" bereits verstanden haben, aber denen oft noch die Sprache fehlt, etwas entgegenzusetzen, wenn sie den Satz von ihren Mitmenschen hören – beispielsweise auch in umgekehrter Form hinsichtlich Rassismus (etwa „Das ist nicht unser Problem.")

Immer wieder begegnen wir weißen Menschen, die nicht nur Aufklärung verlangen, sondern regelrecht überzeugt sind, sie stünde ihnen zu. Falls du das Problem dahinter bisher nicht siehst, fordern wir dich auf, in diesem Kapitel gut zuzuhören beziehungsweise mitzulesen. Du musst verstehen, dass es eigentlich kaum in Worte zu fassen ist, welche emotionalen, physischen und psychischen Auswirkungen Rassismus hat. Es fordert, verletzt, traumatisiert und tötet Bi_PoC. Und doch sind sie es, vor allem jene, die unter Schwer- und Mehrfachmarginalisierung→ leiden, die antirassistische Bildungsarbeit leisten. Sie sind existenziell betroffen von Rassismus. Es geht um ihr Leben, ihre Zukunft und die ihrer Familien. Denke darüber nach, wie anstrengend, gewaltvoll und nervenaufreibend es ist, diejenigen aufzuklären, die diese Diskriminierung ausüben und dann auch noch leugnen.

Wir erleben es immer wieder, wie Bi_PoC behandelt werden, wenn es um Auf- und Erklärung von Rassismus geht. Falls du bisher noch nicht darüber nachgedacht hast, wie rassistisch und gesellschaftlich vielsagend es ist, dass Negativbetroffene am lautesten und mutigsten dagegen ankämpfen, hast du jetzt die Chance, diese Perspektive einmal mitzudenken. Wenn du einerseits kostenlose Bildungs- und damit einhergehende emotionale Arbeit von Menschen verlangst, die unter der von dir und der weißen Mehrheitsgesellschaft ausgeübten Diskriminierung und Unterdrückung leiden, andererseits aber nichts gegen Rassismus tust, willst du nicht wirklich lernen, sondern nur weltoffen wirken und vielleicht „ein bisschen mitreden". Oder es interessiert dich einfach nicht, weil es deine Lebensrealität nicht negativ beeinflusst. Ein solches Verhalten spiegelt wider, dass viele weiße Menschen zwar gern ihr Gewissen besänftigen (White Guilt ➜), die Verantwortung in ihrer Rolle als weißer Mensch in einem rassistischen System aber eigentlich am liebsten zur Seite schieben oder ablegen wollen – was du nicht kannst! So funktioniert Gleichberechtigung nicht. So funktioniert Antirassismus nicht.

Du musst schlucken? Verstehen wir! Aktivismus und Antirassismus sind nun einmal komplexe und herausfordernde Themen. Warum sollte es aber zukünftig nicht mehr nur „unser Job" sein, dich aufzuklären, (kostenlos) zu bilden und dabei noch Verständnis für deine White Fragility ➜ zu haben? Bildungsarbeit und Aufklärung von Aktivist*innen, besonders von denen, die selbst negativ betroffen sind, zu verlangen und sogar überzeugt zu sein, dass du Anspruch auf kostenlose Aufklärungsarbeit, Zeit und Kraft Negativbetroffener hättest, macht dich zu einer Person, die Negativbetroffene unterdrückt und ausbeutet. Es macht dich zum Teil eines Systems, das (geistiges) Eigentum, Arbeit und Wissen von Bi_PoC ausbeutet und aneignet. Damit wird ein bestehendes Machtverhältnis aufrechterhalten. Der Regelfall im Jahr 2020 sieht leider so aus: Du profitierst von dieser Bildungsarbeit, falls du dir überhaupt die Mühe machst, dich zum Thema Rassismus weiterzubilden. Du erhältst etwas. Du gibst nichts zurück.

Aktivist*innen werden in ihrer Aufklärungsarbeit, so wissen wir aus eigener Erfahrung zu berichten, oftmals nicht entsprechend geschätzt, geschweige denn entsprechend entlohnt. In unserem Falle betreiben wir kostenlose antirassistische Bildungsarbeit als Kollektiv im Internet. Kostenlos bedeutet aber nicht, dass es keine richtige Arbeit ist. Nimm die Arbeit deshalb nicht als selbstverständlich wahr. Aktivistische Aufklärungsarbeit ist richtige Arbeit. Sie ist wichtig, kräftezehrend und verletzend für Bi_PoC. Sei dir dessen stets bewusst, gehe sensibel mit deiner Umwelt und dieser Erkenntnis um.

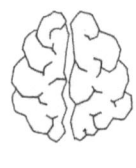 Wie wir schon im Kapitel 5 „Farbenblindheit" besprochen haben, kursieren so viele Ausreden und Strategien innerhalb der weißen Mehrheitsgesellschaft, keine Verantwortung übernehmen, keine Bemühungen hinsichtlich der aktiven Bekämpfung von Rassismus unternehmen zu müssen und sich dabei dennoch als „guten, nicht-rassistischen Menschen" darzustellen. Die meisten weißen Menschen leben in dieser bequemen Position. Sie machen nichts. Sie hören nicht zu. Und sie wundern sich, wenn Schreckliches wie in Chemnitz, Kassel, Halle und Hanau passiert – nachdem sie Bi_PoC ignoriert und gesilenct haben. Und nein, es reicht nicht, auf Demonstrationen zu gehen und dieses Buch zu lesen. Das kann maximal der Anfang in der Auseinandersetzung mit Rassismus sein. Der Entlernen- und Aufklärungsprozess hört niemals auf. Auch für uns nicht. Wahrscheinlich werden wir unser Mitmachbuch später in

die Hände nehmen und denken: Das sehen wir heute anders, hier haben wir Folgendes nicht bedacht, etwas vergessen, jetzt gibt es bessere Begriffe für x, diesbezüglich hat sich der Diskurs weiterentwickelt.

Mache dir daher bewusst, dass der aktivistische, antirassistische Diskurs sich stetig verändert und weiterentwickelt – und somit auch dein eigener Prozess. Vielleicht blätterst du später in *Dear Discrimination* und liest Gedanken von dir, die du dann nicht mehr vertrittst, kritisch siehst oder gar verneinst. Das ist in der Regel etwas Gutes und bedeutet persönliche Weiterentwicklung, die letztendlich zu einer gesellschaftlichen Veränderung beitragen kann. Wir alle verändern uns in unserem Denken und Handeln. Deshalb möchten wir dich auch dazu ermutigen, dein Journal später, wenn du es gelesen und durchlaufen hast, immer wieder zur Hand zu nehmen und noch einmal deine Gedanken, Notizen und Antworten auf unsere Fragen anzuschauen. Du wirst erkennen, alles befindet sich in ständiger Veränderung und dein Antirassismus-Wissen hat sich hoffentlich seit dem ersten Lesen des Mitmachbuchs erweitert.

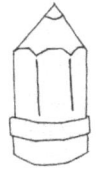 „Uff!", denkst du dir vielleicht jetzt. Wie kann ich helfen? Was kann ich ab jetzt besser machen? Wir haben ein paar Vorschläge für dich:

Gehe niemals in eine Situation, in der du das Wissen oder die Expertise Negativbetroffener anfragst, ohne dabei (beispielsweise finanzielle) Entlohnung anbieten zu wollen und zu können. Dass manche Aktivist*innen kein Geld für ihre Aufklärungsarbeit verlangen, bedeutet nicht, dass du diese dafür nicht entlohnen musst. Haben sie zum Beispiel ein Paypal-Konto angegeben, auf das du freiwillig spenden kannst, dann mach das auch, wenn du ihr Wissen konsumierst. Gewöhne es dir an, Bi_PoC für ihr Wissen, ihre Expertise und Arbeit zu entlohnen, auch wenn es keine „Pflicht" ist. Wir sagen hier explizit Bi_PoC und nicht Aktivist*innen: Du hast eine*n gute*n Freund*in, der*die negativ betroffen ist, sich mit dir hinsetzt und dich aufklärt? Auch das ist nicht selbstverständlich! Betrachte auch sie als Menschen, die Entlohnung für ihre Arbeit verdient haben. Wenn du nicht über die finanziellen Ressourcen für eine angemessene Entlohnung verfügst, gibt es auch viele andere Möglichkeiten, zu honorieren.

- Teile deine Ressourcen! Durch deine Privilegien hast du Zugang zu bestimmten Gütern, die Bi_PoC durch systematischen, institutionellen Rassismus und Ausgrenzung schwerer zugänglich und oft sogar völlig verwehrt bleiben. Was können das für Güter sein?, fragst du dich. Safer Spaces, öffentliche Plattformen, Macht, Jobs, Geld – denk mal drüber nach! Was kannst du anbieten, auch ohne etwas dafür im Gegenzug zu verlangen?

- Bi_PoC sind kein wandelndes Lexikon. Bedenke, dass es für negativ betroffene Menschen besonders herausfordernd ist, über Rassismus zu sprechen und aufzuklären. Vielleicht hast du auch ein Thema, dass dich verletzt? Erinnere dich, wie schwer es dir fällt, darüber zu reden, um andere dafür zu sensibilisieren – aber Achtung, deine individuelle Erfahrung ist nicht gleichzusetzen mit systematischem Rassismus! Nur weil eine Person sich in diesem Moment bereit erklärt, dich über etwas aufzuklären, bedeutet das nicht, dass sie dir rund um die Uhr für dieses Thema zur Verfügung steht. Frag die Person vorher, ob sie die Kapazitäten, Zeit und Energie hat, um dir etwas zu erklären.

● Recherchiere zuerst selbst! Für die meisten Themen gibt es bereits Arbeitsmaterial, welches dir zur Verfügung steht. Wenn du eine negativ betroffene Person nur fragst, weil du keine Lust hast, selbst Arbeit zu investieren, um dich weiterzubilden, dann ist das Ausbeutung. Wenn du eine negativ betroffene Person nur fragst, weil es für dich „spannender" ist, auf direktem Wege mit Leiderfahrung konfrontiert zu werden, als beispielsweise Texte zu lesen, dann ist das Sensationslust (White Gaze ➔). Beides ist äußerst problematisch und – rassistisch! Mehr dazu liest du auch in unserem Kapitel 11 „Allyschaft".

● Bi_PoC sind keine homogene Gruppe. Vielleicht hast du eine Person gefunden, die es sich zur Aufgabe gemacht hat, Aufklärungsarbeit zu leisten. Super! Das bedeutet aber nicht, dass alle Negativbetroffenen diese Arbeit leisten wollen oder können. Wenn deine Weiterbildung nur auf kostenloser, leicht verdaulicher Aufklärungsarbeit basiert, ist diese für unser aller Miteinander wertlos. Bist du nicht bereit, selbst Arbeit und Energie in deinen Entlernen-Prozess zu investieren und Bi_PoC aktiv zu unterstützen und zu entlohnen, dann hast du auch Antirassismus noch nicht verstanden.

Recherchiere eine antirassistische Organisation und zahle einen Spendenbetrag deiner Wahl ein (Reparation ➔). Wenn du nichts zahlen kannst, erzähle Freund*innen und Familie von der Arbeit dieser Organisation, entweder persönlich oder auf deinen liebsten Netz-Kanälen. Teile gerne auch einen Link zu dieser Organisation. Mache Entlohnung zur Norm.

Achtung: Schau auch hier genau hin, wer die Organisation führt. Sind es Negativbetroffene oder weiße Menschen? Die Gefahr, Geld an weiße Organisationen zu spenden, die eigentlich gar nicht richtig helfen, besteht immer. Im nächsten Kapitel liest du passend dazu etwas über Kulturelle Aneignung ➜ und White Saviorism ➜ – und warum der Drang zu helfen durchaus problematisch und rassistisch sein kann. Falls dich diese Achtungbox etwas ratlos macht, lies dir im Glossar die Begriffe performative Allyschaft ➜, White Saviorism ➜ und Empowerment ➜ durch und nimm sie als Ausgangspunkt für eine tiefergehende, selbstständige Recherche.

Platz für deine Notizen und Gedanken:

8. KULTURELLE ANEIGNUNG

- ▶ „Was ist denn so schlimm daran, das ist doch nur ein Kostüm?!"

- ▶ „Das ist nicht rassistisch, wir ehren diese Menschen!"

- ▶ „Kulturen sollten geteilt werden, DAS ist antirassistisch. Wer von kultureller Aneignung spricht, ist selbst rassistisch!"

Wir haben lange überlegt, ob wir dieses Kapitel mit ins Buch nehmen oder nicht, da es doch recht komplex ist und sich auf so viele Themen und Perspektiven beziehen kann. Bi_PoC haben zu diesem Thema natürlich unterschiedliche Ansichten und deswegen wollen wir auch hier nochmal verdeutlichen, dass wir aus unserer Perspektive sprechen. Für manche Negativbetroffene ist beispielsweise das Tragen kulturell kodierter Symbole oder Gegenstände keine kulturelle Aneignung, für viele andere schon. Aber egal, ob manche Negativbetroffene es „okay" finden, DU kannst dir die Antwort, die dir am besten gefällt, nicht einfach aussuchen. In unserer aktivistischen Arbeit sehen wir jedes Jahr zur Karnevalssaison, wie wenig weiße Menschen über dieses Thema informiert sind und dass die meisten dieser Menschen die Problematik nicht verstehen wollen oder es ihnen egal ist. Deshalb werden wir hier erstes Basiswissen bieten, damit du ein Grundverständnis dafür entwickeln kannst – aus Respekt und Mitgefühl Negativbetroffenen gegenüber und um umzudenken, rassistische und kolonialistische Handlungen zu entlernen und zu bekämpfen. Kulturelle Aneignung (Cultural Appropriation ➜) beschreibt, einmal ganz allgemein gesprochen, die Aneignung kultureller und ethnischer Gegenstände, Gebräuche und Werte einer anderen Kultur oder ethnischen Gruppe. Sprechen wir von rassistischer kultureller Aneignung, beschreibt dies die Aneignung kultureller und ethnischer Gegenstände, Gebräuche und

Werte von Bi_PoC-Kulturen – eine Aneignung, die meistens, aber nicht nur von weißen Menschen, der westlichen Gesellschaft verübt wird. An dieser Stelle hören wir erstaunlich oft den Vergleich: „Hey, aber wenn Bi_PoC Dirndl tragen, dann ist das doch genau das Gleiche!" Nein, ist es nicht. Und klar, wir erklären hier gern nochmal, warum dieser Vergleich so haarsträubend ist: Die kulturelle Aneignung von Bi_PoC-Kulturen führt bis zu den Anfängen des Kolonialismus und ist deshalb mit nichts zu vergleichen. Ausbeutung, Unterdrückung und Versklavung von Bi_PoCs und die Aneignung und Profilierung ihres Kulturguts haben ein Machtverhältnis geschaffen, das Vergangenheit, Gegenwart und Zukunft prägt. Aneignung von Bi_PoC-Kulturgut bedeutet, dass weiße Menschen das für sie Beste, Interessanteste, Profitabelste oder „Exotischste" aus diesen Kulturen – und von ethnischen Gruppen, die weiterhin unter systematischem Rassismus leiden – aneignen, stehlen und rausgreifen; zum Beispiel für das eigene Entertainment (White Gaze→) oder zur finanziellen Bereicherung. Kulturelle Aneignung hält ein rassistisches Machtverhältnis aufrecht, welches seit Jahrhunderten existiert, indem weiße Menschen sich an den Erfindungen, Kulturen und dem Gedankengut von Bi_PoC bereichern, während diese weiter in die Marginalisierung→ gedrängt werden. Falls dir das zu abstrakt ist, werden wir noch konkreter. Hier also einige Beispiele aus unserer Gegenwart:

- 2018 wurde ein indigener Mann aus einem US-amerikanischen Gerichtshof verbannt, weil er mit einem traditionellen Headdress→ erschien.
- 2019 kämpfte ein indigener Teenager in den USA darum, traditionelle Kleidung bei seiner Schulabschlussfeier zu tragen, weil dies verboten war.
- Währenddessen schmückt sich ein Team der US-amerikanischen Profiliga National Football League, die

„Washington Redskins", dessen Name an sich bereits rassistisch ist, im Logo und auf Trikots mit dem Profil eines stereotypen indigenen männlichen Gesichts.

● In Deutschland sind Karl May und die stereotype Darstellung von „Ind*anern" ➔ bekannter als die Realität indigener Menschen auf der gesamten Welt.

Konnten wir dir das Problem verdeutlichen? Salopp gesprochen zeigt das Beispiel, wie Bi_PoC-Kulturgut bei weißen Menschen, die es aneignen, trendy ist, bei Bi_PoC hingegen wird es als „wild", „anders", „befremdlich", „angsteinflößend" oder „asozial" wahrgenommen, sie werden dadurch abgewertet. Weiße Menschen eignen sich Kulturgut negativ betroffener Menschen an und zwingen diese im gleichen Atemzug in ein zutiefst eurozentrisches, kolonialistisches und rassistisches System. Wenn weiße Unternehmen und Influencer*innen Geld mit dem Kulturgut verdienen, für welches Negativbetroffene diskriminiert, marginalisiert und unterdrückt werden, dann ist das weiße Vorherrschaft. Weiße Vorherrschaft ist die Folge unserer kolonialistischen Vergangenheit und die Aufrechterhaltung dieser in unserer Gegenwart und Zukunft.

Auch eine Form der kulturellen Aneignung ist die Verwendung von Bi_PoC-Kulturgut zur Belustigung und Maskerade weißer Menschen (White Gaze ➔). Hierbei werden Bi_PoC und deren Kulturen bewusst herabgewürdigt und ins Lächerliche gezogen beziehungsweise oberflächlich kopiert, um als Entertainment für weiße Menschen zu dienen. Diese Form begegnet uns sehr oft, wenn Menschen sich besonders originell verkleiden wollen. „Originell" heißt hier auch weit weg von der eigenen, privilegierten Identität und eurozentrischen Norm. Beispiele dafür sind Blackfacing, das Tragen von Ind*aner-Kostümen und Afroperücken, Geisha-, Hellseher*innen- und Bollywood-tänzer*innen-Darstellungen, um nur eine kleine Auswahl zu nennen. All das zeigt, wie weiße Menschen Negativbetroffene und deren Kulturen wahrnehmen: Als Objekte zur Belustigung weißer Menschen in einer eurozentrischen Gesellschaft. Falls du nicht nachvollziehen kannst, warum es für Negativbetroffene äußerst schmerzhaft ist, dass Begünstigte Identitäten, die mit (leidvoller) Geschichte und Gegenwart verbunden sind, als Kostüm für eine Party an- und ausziehen, dann weißt du an dieser Stelle zumindest aber eins: dass sich deine Pink Bubble ➜ offensichtlich bemerkbar macht. Und: dass du dieses Kapitel noch einmal lesen und weitere Quellen dazu heranziehen solltest, um es allumfassend zu verstehen.

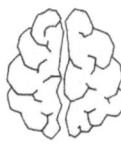 Es gibt auch den Begriff „Kulturelle Wertschätzung" (Original: „Cultural Appreciation" ➜, im Gegensatz zur kulturellen Aneignung, im Original „Cultural Appropriation" ➜), der die Aneignung von Bi_PoC-Kulturen auf eine respektvolle, wertschätzende und selbstreflektierende Art beschreibt. Bei der kulturellen Wertschätzung handelt es sich um einen Austausch auf Augenhöhe, von dem du als weiße Person nicht profitierst. Ein Beispiel dafür ist das Tragen traditioneller Kleidung für eine Hochzeit. Damit kulturelle Wertschätzung und nicht kulturelle Aneignung stattfinden kann, muss der Austausch zu kulturellem Wissen von der marginalisierten Seite, von Bi_PoC ausgehen. Ihr Einverständnis über den Umgang mit ihren Kulturen muss eingeholt werden. Wenn wir auf das Beispiel der Hochzeit zurückgreifen, bedeutet es zum Beispiel, dass das Hochzeitspaar dich darum bittet, traditionelle Kleidung für ihr Fest zu tragen. Dies trifft auch zu, wenn sich eine negativ betroffene Person eigeninitiativ dazu entscheidet, dir ein Geschenk von kultureller und/oder ethnischer Bedeutung zu machen.

 Auch hier solltest du dich kultursensibel verhalten: Achte darauf, wo und wie du dieses Geschenk in der Öffentlichkeit zeigst, da außenstehende Bi_PoC dadurch getriggert (Triggerwarnung➜) werden können.

Du hast jetzt vielleicht das Gefühl, dass dein neues Wissen dein Leben zukünftig ganz schön einschränken wird, wenn du alles beachten willst, was im Kapitel erklärt wurde. Kann schon sein, dass du ab jetzt nicht mehr die ein, zwei Tage im Jahr mit wohligem Gefühl im Bauch rassistische Kostüme zur Schau stellen kannst. Dass du auf bestimmte, problematische Lifestyle-Accessoires lieber verzichten solltest. Und dass du dein Verhalten auf Reisen, deinen Umgang mit marginalisierten Kulturen und deine „Kulturbegeisterung" immer kritisch reflektierten solltest. Mehr dazu liest du auch im Glossar unter White Gaze➜ und Exotisierung➜. Das ist anstrengend und bedeutet Arbeit, ja – Antirassismus kann niemals leicht sein. Aber dafür gehst du respektvoll mit den Gefühlen Negativbetroffener um, anstatt dich und deine Bedürfnisse in den Vordergrund zu stellen. Und das ist so viel besser als Perückentragen!

Falls dir im Laufe dieses Kapitels der Gedanke kam, dass es „doch aber wichtig ist, Kulturen zu teilen" oder du mit Phrasen wie „Ich würde niemals jemandem vorschreiben, was er*sie tragen kann und was nicht" argumentierst – die wir übrigens ständig zu hören bekommen –, müssen wir auch hier deine Pink Bubble➜ zum Platzen bringen. Kulturen zu teilen, kann etwas Tolles sein, aber dafür braucht es seitens Negativbetroffener eins: Konsens. Bedenke, dass Bi_PoC nicht freiwillig ihr Land, ihre Bodenschätze, ihre Arbeitskraft und ihr Kulturerbe mit der weißen Mehrheitsgesellschaft geteilt haben, sondern diese ihnen durch den Kolonialismus gewaltsam entrissen und gestohlen wurden. Werde dir auch bewusst darüber, dass der Grund, wieso du als weißer Mensch Zugang zu diesen Kulturgütern hast, der ist, dass weiße Menschen sich diese gewaltvoll verschafft haben: durch Kolonialismus, Sklaverei, Diebstahl und Ausbeutung. Betreibst du kulturelle Aneignung, erhältst du auch koloniale und rassistische Machtstrukturen aufrecht, indem du dich gestohlener Kulturgüter bedienst, während sich viele Negativbetroffene klar und deutlich dagegen aussprechen und weiterhin an Rassismus leiden.

Aufgabe 1

Für den Fall, dass du gar nicht weißt, wo du anfangen sollst zu recherchieren und unsicher bist, ob du in einer bestimmten Situation kulturell aneignest, haben wir hier eine kleine Hilfestellung für dich. Es ist eine erste Übung, um das aktuelle Kapitelthema eigenverantwortlich anzugehen. Bevor du es testest, möchten wir aber noch einmal betonen: Negativbetroffene entscheiden, ob es sich um kulturelle Aneignung handelt oder nicht – egal, welches Ergebnis du hier erhältst. Führe dir also vor Augen, dass dieses Spiel nicht die Erfahrungen, das Wissen und die Deutungshoheit Negativbetroffener abbilden oder ersetzen kann.

Flussdiagramm „Kulturelle Aneignung"

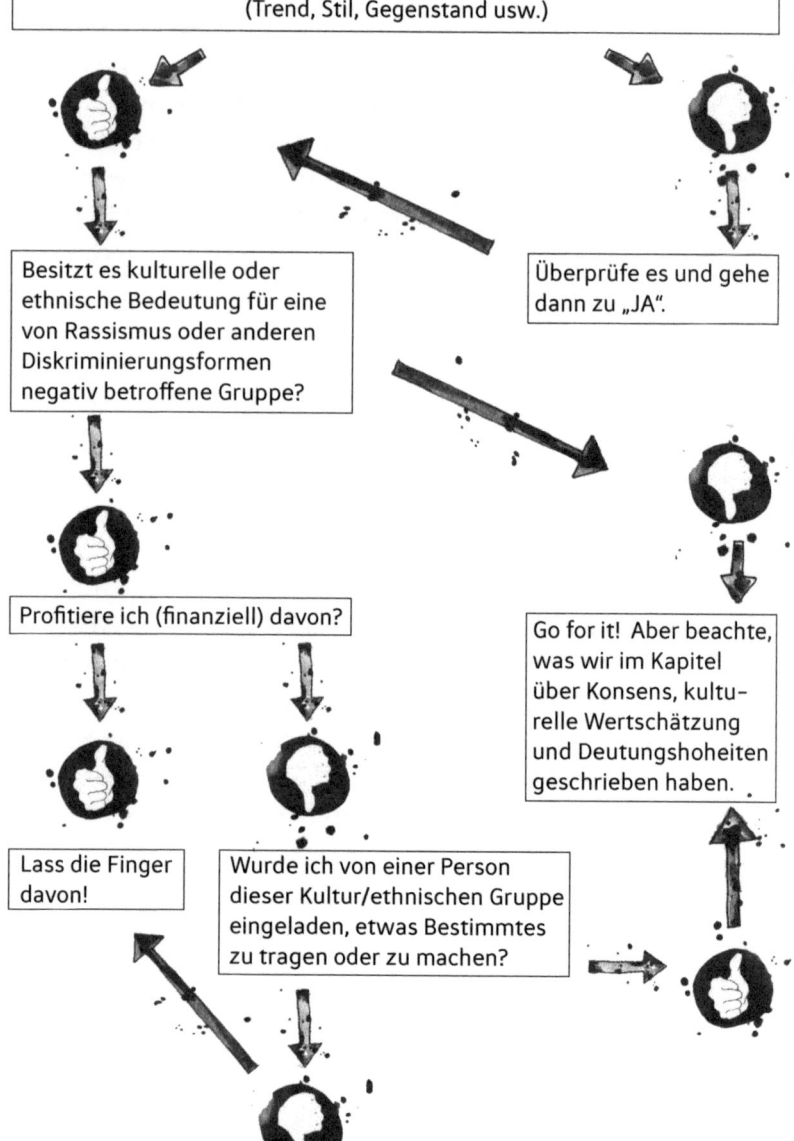

Kennst du die Herkunft dessen, was du dir aneignen möchtest?
(Trend, Stil, Gegenstand usw.)

Besitzt es kulturelle oder ethnische Bedeutung für eine von Rassismus oder anderen Diskriminierungsformen negativ betroffene Gruppe?

Überprüfe es und gehe dann zu „JA".

Profitiere ich (finanziell) davon?

Go for it! Aber beachte, was wir im Kapitel über Konsens, kulturelle Wertschätzung und Deutungshoheiten geschrieben haben.

Lass die Finger davon!

Wurde ich von einer Person dieser Kultur/ethnischen Gruppe eingeladen, etwas Bestimmtes zu tragen oder zu machen?

Aufgabe 2

Zu guter Letzt haben wir noch eine interaktive Lern-
aufgabe für dich: Vertiefe dein Wissen zum Thema
„Kulturelle Aneignung". Recherchiere die Herkunft
verschiedener Mainstream-Trends, beispielsweise im
Bereich Textilmode oder Schmuck, und notiere sie
dir. Wusstest du schon alles über ihren Ursprung?

● Trend:

● Ursprung:

Platz für deine Notizen und Gedanken:

9. SPOT THE PROBLEM

Der erste Teil unseres Ally Guides diente dazu, Grundlagenwissen zu vermitteln. Jetzt wollen wir dir Grundlagenwissen
vermitteln, aber dabei noch interaktiver werden. Wir möchten,
dass du nicht nur mitliest und mitdenkst, sondern zukünftig
auch selbst fähig bist, Rassismen als solche zu erkennen und in
Diskussionen darüber für antirassistische Werte einzustehen.
Auf Instagram eröffnen wir dafür manchmal unsere interaktive
Lernrunde „Spot the Problem", reposten einen Fall und fordern
unsere Community via Umfragefunktion in der Story auf, das
Problem konkret zu benennen.

Das ist gar nicht so einfach, wenn du erst angefangen hast, dich
mit Rassismus zu beschäftigen. Wir haben dir hier ein paar
Leitfragen zusammengestellt, die du immer verwenden kannst,
wenn du die Vermutung hast, dass eine Situation rassistisch ist:

Wo und worin findet sich das Problem? Zum Beispiel „im aktuellen Werbeclip des Unternehmens
XYZ in der Darstellung einer Bi_PoC-Person".

Was genau ist daran problematisch? Versuche den
Fall hier mit einer ersten Kategorisierung von Rassismus zu bewerten. Antwortmöglichkeiten könnten
sein „kulturelle Aneignung von ...", „Exotisierung
von Bi_PoC", „Wiedergabe rassistisch motivierter
Klischees über Bi_PoC", „Muslim*innenfeindlich-
keit" und so weiter. Du kannst auch Begriffe verwenden, die du in unserem Ally Guide kennengelernt
hast, beispielsweise „Farbenblindheit", und darüber
in unserem Glossar nachlesen. Wenn es dir noch
nicht gelingt, die konkrete Manifestation von Rassismus zu identifizieren (beispielsweise Anti-muslimischer Rassismus→, Anti-Schwarzer Rassismus→
oder Anti-indigener Rassismus→), dann versuche das
Fallbeispiel einmal ohne Bewertung zu beschreiben.

- **Wieso** genau ist es problematisch? Hier solltest du mehr ins Detail gehen, wie und wieso diese -Ismen reproduziert werden. Falls es dir schwerfällt und der Fall gerade öffentlich diskutiert wird, schau dir an, wie andere Menschen ihn analysieren und hab vor allem im Blick, wie Bi_PoC, also Negativbetroffene, ihn einschätzen. Zum Beispiel: „Diese Werbung reproduziert Anti-indigenen Rassismus, weil sie indigene Männer als gewaltvoll und wild darstellt. Weiße Menschen schaffen so eine negative, falsche Darstellung indigener Männer und bedienen sich rassistischer Stereotype."

- **Warum** wurden diese -Ismen reproduziert? Hier kannst du ein paar mögliche Gründe anführen, wieso die Problematik entstanden ist, wobei es dir natürlich nicht immer möglich sein wird, über eine Hypothese hinaus zu argumentieren. Es ist aber trotzdem eine gute Übung, kritisch mit unserer medialen Berichterstattung umzugehen und Inhalte nicht als DIE EINE Wahrheit hinzunehmen. Eine Antwort könnte lauten: „Es wurde bewusst provoziert, um Aufmerksamkeit für das eigene Unternehmen zu generieren, denn Aufmerksamkeit bedeutet Klicks und Klicks bedeuten Geld."

- **Was für Auswirkungen** hat der Fall? Hier solltest du darauf eingehen, was die reproduzierten Rassismen für Auswirkung haben, sowohl gesamtgesellschaftlich als auch für Negativbetroffene, zum Beispiel: „Indigene Männer werden stereotypisiert und als gefährlich für die weiße Gesellschaft dargestellt. Eine solche mediale Wiedergabe führt dazu, Vorurteile und Rassismus gegenüber dieser sozialen Gruppe zu schüren und die Marginalisierung eben dieser aufrechtzuerhalten."

● **Welche Lösungen** gibt es für diese Problematik? Hier sollst du überlegen, was man hätte anders machen sollen und was sich ändern muss, um diskriminierungssensible Räume zu schaffen. Zum Beispiel: „Die Firma muss sich in Bezug auf Anti-indigenen Rassismus schulen und darüber reflektieren, wieso wer für welche Werbung verantwortlich und besonders geeignet ist. Eine Alternative wäre es zum Beispiel, die dargestellte Gruppe, indigene Männer, bei der Konzeption der Kampagne einzubeziehen und deren Perspektiven einzuholen."

● **Wie reagiere ich** persönlich auf die Situation? Hier solltest du dir vor Augen führen, welche Möglichkeiten du hast. Kannst du zum Beispiel mit den Verantwortlichen in Kontakt treten oder selbst öffentlich auf die Problematik aufmerksam machen? Welche anderen Ressourcen stehen dir zur Verfügung, Negativbetroffene zu unterstützen und gegen die reproduzierten Rassismen anzukämpfen? Wie genau du Negativbetroffene bestmöglich unterstützen kannst und worauf du dabei achten solltest, liest du in Kapitel 11 „Allyschaft".

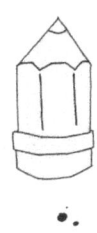

Spot the Problem – jetzt bist du dran! Wähle dir einen Artikel/Inhalt, in dem über das Thema Rassismus geschrieben oder von einem rassistischen Vorfall berichtet wird. Drucke/schneide ihn aus und klebe ihn auf die nächste Seite. Analysiere den Text mit den obigen Fragen, markiere dir wichtige Stellen und mache dir Notizen, wie du die W-Fragen beantworten würdest. Du kannst auch problematische Stellen des Textes zitieren. Achte hier aber darauf, problematische und/oder rassistische Sprache zu zensieren (siehe dazu auch im Glossar „Schreibweise mit * als Ersatz für einen Buchstaben" ➜). Um ein Gefühl für die „Spot the Problem"-Methode zu bekommen und sie auch anwenden zu können, hilft es dir zu üben. Falls es dir also noch schwer fällt, lies dir zum Beispiel Artikel durch, schau dir Filme oder Werbungen an, die Rassismuskritik erhalten haben. Nimm die öffentliche Kritik an dem Inhalt wahr und vergleiche, ob du das Fallbeispiel ähnlich oder anders eingeschätzt, etwas übersehen oder nicht bedacht hast.

Hier kannst du deinen recherchierten
Artikel/Inhalt einkleben und bearbeiten.

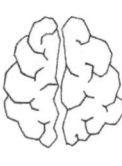

Wenn wir eine „Spot the Problem"-Runde auf Instagram eröffnen, gehen wir meistens so vor, dass wir die aufklärenden Antworten gesammelt reposten und gegebenfalls ergänzen, falls sie analytisch noch etwas ungenau sind. Problematische Antworten nehmen wir entweder raus, um kein weiteres rassistischen Denken zu verbreiten, oder reposten sie anonym und diskutieren, warum diese Aussage rassistisches Denken widerspiegelt. Natürlich sind auch wir nicht frei davon, lernen täglich dazu und stolpern immer wieder über unsere eigenen internalisierten -Ismen. Wenn uns also Follower*innen darauf aufmerksam machen oder sinnvolle Zusätze, in Kommentaren unter einem Post oder per Direktnachricht, schicken, reposten wir diese als Screenshot, nachdem wir um Erlaubnis gefragt haben. So gestalten wir einen interaktiven Lernprozess, in dem die Community mit- und voneinander lernt.

Achte immer darauf, wer spricht. Geht die Rassismuskritik von Negativbetroffenen oder Begünstigten aus? Behalte hier aber auch das Thema Intersektionalität → im Auge. Welche Privilegien (siehe dazu auch Kapitel 10 „Privilege Check") und/oder Schwer- und Mehrfachmarginalisierungen → besitzt die negativ betroffene Person? Wer klagt an? Wer kommt (am meisten) zu Wort? Wem wird zugehört? Wie fallen die unterschiedlichen Reaktionen auf Kritik aus? Und spielt es dabei eine Rolle, wer Kritik übt? Richtig ist, die Einschätzung Negativbetroffener genau anzuhören. Sie setzen den Definitionsrahmen für Rassismus.

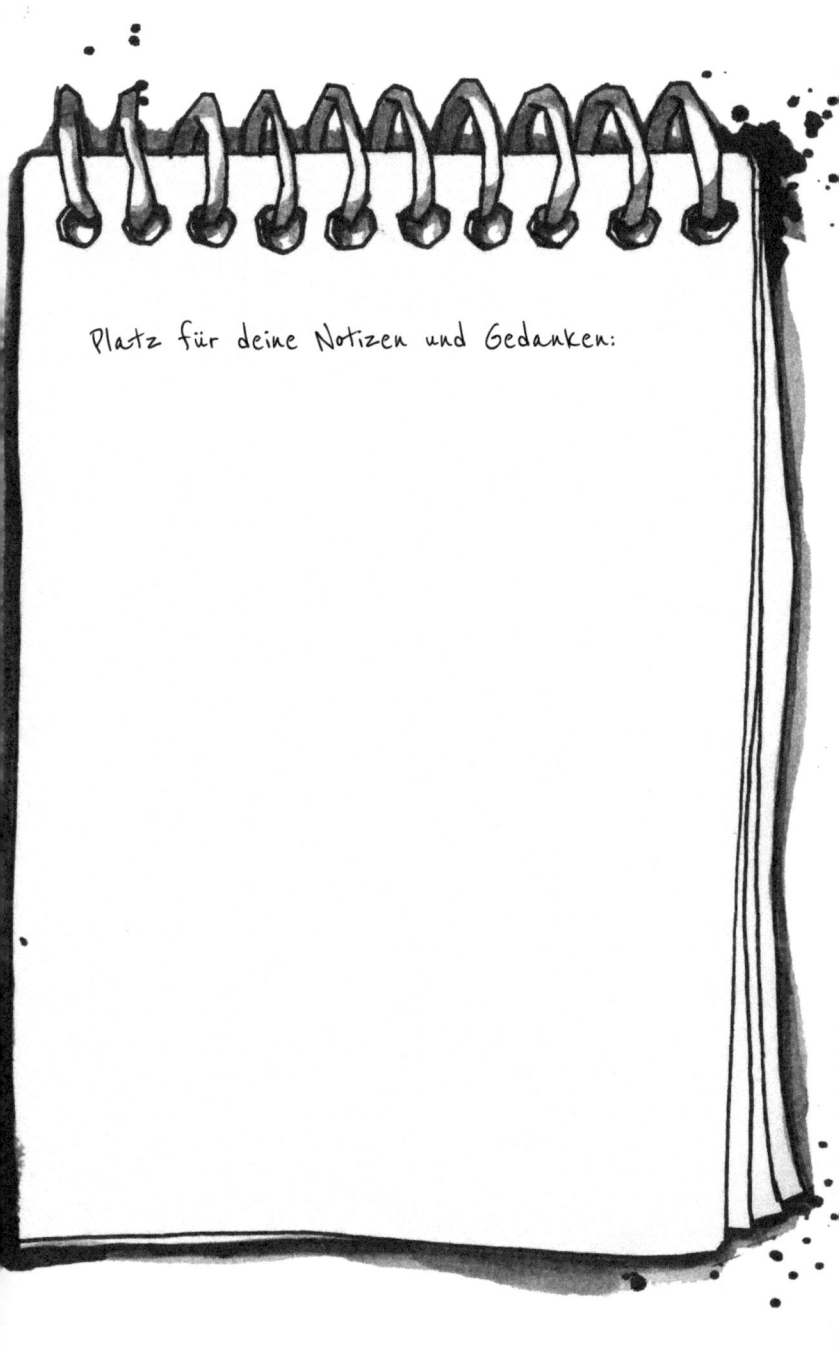

Platz für deine Notizen und Gedanken:

10. PRIVILEGE CHECK

In *Dear Discrimination* reden wir ständig über Privilegien, aber was genau bedeutet das eigentlich? Bei Wirmuesstenmalreden ist uns klar geworden, dass viele Leute das gar nicht so genau wissen und das Gespräch darüber vielen auch ein negatives Gefühl verschafft (White Fragility➜). Genau da wollen wir ansetzen. Lies dazu als erstes unseren Glossareintrag zu White Privilege➜.

Wir haben euch einmal unsere Top 3 der Kommentare zusammengestellt, die uns als Netzkollektiv im Privilegien-Diskurs am häufigsten entgegnet werden.

 **„Schätze deine Privilegien."**

Dieser Satz ist unserer Meinung nach problematisch, da er nicht darauf eingeht, dass weißes Privileg auf dem Leid und der Ausbeutung von Bi_PoC basiert. Das Ziel sollte deswegen sein, dir in einem ersten Schritt deiner Privilegien bewusst zu werden und dich – langfristig gesehen – dafür einzusetzen, dass es zukünftig keine Privilegien mehr gibt. Nur so können Menschen verschiedener Identität, ob nun Ethnie, Nation, Kultur, Religion, Geschlecht oder Sexualität betreffend, gleichberechtigt leben. Wir wissen, dass die Vorstellung einer vollständig gleichberechtigten, diskriminierungsfreien Welt aktuell utopisch erscheint; dass sie jedenfalls noch in sehr ferner Zukunft liegt. Es geht uns vielmehr darum, willentlich das zu ändern, was wir realistisch ändern können.

 **„Ich habe so viel Schlimmes in meinem Leben durchgemacht und ihr wollt mir erzählen, dass ich privilegiert bin?"**

Einer der Gründe, wieso es vielen weißen Menschen so schwer fällt, ihr weißes Privileg anzuerkennen, ist, dass sie diesen Hinweis als persönliche Kritik empfinden.

Diesen Satz bekommen wir so oder so ähnlich oft zu hören, wenn wir jemandem sagen, dass diese*r weißes Privileg genießt. Ein Privileg zu haben, bedeutet nicht, dass du keine schlechten Zeiten oder eigene Diskriminierungserfahrungen erlebt hast. Es bedeutet aber, dass du Privilegien genießt, die dein Leben in bestimmten Aspekten erleichtern und die anderen Menschen, im Rassismus-Kontext Bi_PoC, verwehrt bleiben.

Ein Privileg zu besitzen bedeutet, einen Aspekt einer/ mehrerer gesellschaftlicher Normen zu teilen. Privilegiert können wir beispielsweise in unserer Abstammung, unserer Religion, Kultur, Ethnie, unserer Hautfarbe (Colorism➔ und Light-skinned Privilege➔), unserem Geschlecht oder unserer Sexualität sein. Hier ist es deshalb besonders wichtig, Schwer- und Mehrfachmarginalisierungen➔, also verschiedene Intersektionen miteinzubeziehen. Privilegien verschaffen Vorteile, die Menschen ohne dieses Privileg nicht nur nicht haben, sondern aufgrund dieser Negativbetroffenheit marginalisiert und diskriminiert werden. Privilegien bedeuten den Vorteil der Einen basierend auf der Unterdrückung der Anderen.

 **„Privilegien zu haben, macht dich zu einem schlechten Menschen."**

Absolut nicht! Viele Menschen streiten ihre Privilegien ab, weil sie sich persönlich angegriffen fühlen und Angst haben, als schlecht oder böse dargestellt zu werden. Das ist aber nicht der Fall. Privilegien zu haben, macht dich nicht zu einem schlechten Menschen. Es bedeutet aber, dass du eine Verantwortung gegenüber jenen hast, die deine Privilegien nicht teilen, ja sogar dafür leiden müssen. Privilegien verraten auch – vor allem wenn du dir dieser bisher nicht bewusst warst –, dass du dich mit bestimmten Themen im Leben nicht auseinandersetzen musst. Du kannst selbstbestimmt entscheiden, ob du dich damit auseinandersetzen willst oder nicht.

Im aktivistischen Kontext heißt es mehr noch, nämlich dass du eine Verantwortung hast, gegen Systeme vorzugehen, die dir diese Privilegien – auf gewaltvolle Weise – ermöglicht haben und ermöglichen. Dass du dir „das nicht ausgesucht hast", spielt dabei keine Rolle. Das haben Negativbetroffene auch nicht. Wir fassen also zusammen: Über Privilegien zu verfügen, macht dich nicht zu einem schlechten Menschen. Sie aber zu leugnen, zu ignorieren und aktiv auszunutzen auf Kosten Negativbetroffener, hat weiterhin die Marginalisierung dieser zu Folge. Es ist also sehr wichtig, deine Privilegien zu nutzen und deine Ressourcen zur Verfügung zu stellen, um Bi_PoC zu unterstützen und vor den Angriffen anderer weißer Menschen zu schützen.

Auch wir besitzen Privilegien, die wir immer wieder berücksichtigen müssen, wenn es um unsere aktivistische Arbeit geht. Zum Beispiel sind wir uns der Tatsache, alle drei light-skinned➔ und cis➔ zu sein, sehr bewusst. Es sind Privilegien, die eine Rolle dabei spielen, aus welcher Perspektive wir als Netzkollektiv sprechen können und wie wir wahrgenommen werden. Das bedeutet auch, dass wir einfacher Zugang zu Ressourcen und Plattformen erhalten als zum Beispiel dark-skinned➔ und/oder trans Personen und uns eher zugehört wird als Personen mit diesen Intersektionen.

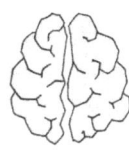

Zu denken, es ist manchmal einfacher, marginalisiert zu sein, als gewisse Privilegien zu haben, ist ein Beweis für dein Privileg. Wenn du diesen Gedanken schon einmal hattest, dann schlag ihn dir ganz schnell wieder aus dem Kopf! Wir sprechen es deshalb an, weil wir das leider schon viel zu oft gehört haben. Die Fehlannahme, dass (auf irgendeine Weise) marginalisiert zu sein, einfacher ist, als privilegiert zu sein, basiert auf der Tatsache, dass du deine Privilegien niemals als „Privilegien" wahrgenommen hast. Die Benennung der eigenen Privilegien und der Vorteile, die damit einhergehen, ist ungewohnt und kann sich aufgrund der Verantwortung, die sich für dich daraus ergibt, wie ein Angriff oder eine Anklage anfühlen. Wir denken aber, dass du in Kapitel 10 unseres Mitmachbuchs mittlerweile weißt, warum dieser Gedanke eine absolute Verkennung der Realität darstellt und gegenüber Marginalisierten, im Kontext dieses Buchs gegenüber Bi_PoC, äußerst verletzend ist.

Wenn du über Privilegien und Marginalisierungen nachdenkst, solltest du den Unterschied zwischen Marginalisierung und individueller Diskriminierungserfahrung kennen. Wir haben dazu bereits in Kapitel 2 „Rassismus" geschrieben. Außerdem empfehlen wir zur Erinnerung an dieser Stelle noch einmal den Glossarbeitrag zu Reverse Racism ➜.

Die eigenen Privilegien benennen und verstehen zu können, reicht nicht! Zu wissen, dass man Privilegien hat, reicht nicht! Eine paar der häufigsten Aussagen, die wir in Diskussionen mit weißen Menschen hören, wenn wir diese auf ihre reproduzierten Rassismen ansprechen, sind:

▶ „Ja, ich weiß, dass ich weißes Privileg habe."

 oder

▶ „Ich weiß, dass ich weiß bin und deswegen wahnsinnig privilegiert."

Und dann kommt: Nichts. Es ist eine Strategie, Diskussionen zu entkräften und sich aus der Verantwortung zu ziehen. Achte auch darauf, falls dein Umfeld in Gesprächen auf diese Weise reagiert. Zeigt sich hier wirkliches Bewusstsein? Wir sehen zu oft, wie weiße Menschen sich metaphorisch auf die Schulter klopfen und die Füße hochlegen, wenn sie ihre Privilegien anerkennen und die Definition von Wörtern wie Rassismus ➔ und Bi_PoC ➔ kennen. Es reicht aber nicht, die eigenen Privilegien zu kennen und bestimmte, diskursrelevante Begriffe erklären zu können. Dieses Wissen verantwortet dich auch, aktiv gegen die strukturelle Benachteiligung von Bi_PoC vorzugehen. Mehr dazu liest du im nächsten Kapitel „Allyschaft".

 Jetzt bist du dran! Wir befinden uns schließlich schon in Kapitel 10 und wollen, dass du dich verantwortungsvoll und selbstreflektiert durch den Ally Guide bewegst. Denke über deine Privilegien nach. Lies dir dazu auch noch einmal den Begriff White Privilege ➔ im Glossar durch. Welche konkreten Fragen stellen sich dir an dieser Stelle deines Entlernen-Prozesses? Notiere sie dir.

Platz für deine Notizen und Gedanken:

11. ALLY SCHAFT

Allyschaft – Was ist das? Wofür brauchen wir sie? Wie kann ich konkret unterstützen? Und was kann daran auch problematisch sein? In diesem Kapitel erfährst du, wie wir darüber denken, was wir uns wünschen und was Allyschaft→ für uns bedeutet. Wir möchten noch einmal ganz klar darauf verweisen, dass wir hier aus Perspektive von light-skinned, mehrgewichtigen, indigenous und Women of color sprechen. Das heißt gleichermaßen, dass wir weder vollständig für Menschen, deren Marginalisierungen wir teilen, sprechen können, noch und vor allem erst recht nicht für Menschen, deren Marginalisierungen wir nicht teilen. Dieses Kapitel soll dir dabei helfen, Allyschaft als Konzept zu verstehen und dir Denkanstöße für deinen zukünftigen Antirassismus-Prozess geben. Unser Mitmachbuch ist ein Guide, also eine Hilfestellung, keine allgemeingültige Wahrheit.

„Ally" ist das englische Wort für Verbündete*r. Im Aktivismus bezeichnen wir Personen als Allys, die nicht von einer gewissen Marginalisierung betroffen sind, sich aber trotzdem – oder gerade deswegen, und weil sie als Begünstigte profitieren – für die Menschen einsetzen, die negativ betroffen sind. In *Dear Discrimination* sprechen wir also von Allyschaft, wenn weiße Personen antirassistisch agieren mit dem Fokus, Bi_PoC zu unterstützen. Vielleicht kannst du dich noch an Kapitel 6 „Diversität" erinnern, in dem wir thematisiert haben, warum Diversität problematisch sein kann und wie sie oft bestehende Rassismen reproduziert, anstatt antirassistisch vorzugehen. So verhält es sich auch mit dem Thema Allyschaft. Lass uns daher gleich zum Punkt kommen und über performative Allyschaft→ (im Englischen „Performative Allyship") sprechen. Der Zusatz „performativ" wird verwendet, wenn Allyschaft nicht vorrangig mit dem Ziel geschieht, Negativbetroffene zu unterstützen, zu schützen und antirassistisch vorzugehen, sondern dabei selbstzentrierte Absichten vordergründig sind. Das kann zum Beispiel aus der Motivation heraus geschehen, sich selbst zu profilieren, Anerkennung oder Lob zu erhalten. Eine spezielle Form performativer Allyschaft bezeichnet man als White Saviorism➔. Über bekannte Fälle von White Saviorism findest du im Netz viele Beiträge. Wir werden an dieser Stelle nicht auf all die Influencer*innen eingehen, die Ausflüge in den globalen Süden➔ unternehmen.

Auf häufig verwendete Begriffe wie „Entwicklungsländer" und „Dritte-Welt-Länder" haben wir bisher im Buch verzichtet und schreiben sie an dieser Stelle ganz bewusst in Anführungszeichen. Diese Begriffe sind rassistisch. Wir möchten sie aber erwähnen, da vielen die Problematik nicht bewusst ist. Die Begriffe assoziieren White Supremacy➔ und White Saviorism➔ aufgrund ihrer kolonialrassistischen Geschichte. Sie werden bewusst für Länder genutzt, die nicht der westlichen Norm entsprechen und setzen diese dadurch herab. „Entwicklung" impliziert, dass dieses Land noch nicht den westlichen Standards entspricht, „unterentwickelt" ist und weiße Menschen/den Westen als Retter benötigt. Der Begriff „Dritte Welt" stellt die damit gemeinten Länder darüber hinaus als fremd und nicht dazugehörig dar. Eine solche Sprache arbeitet mit dem Gegensatz von Überlegenheit und Herabsetzung. Die kolonialistischen und rassistischen Strukturen sowie die ausbeuterische Geschichte dieser Länder durch den Westen werden dabei komplett (und auch bewusst) ignoriert.

Lass uns an dieser Stelle einmal dein Verständnis für Rassismus- und Machtstrukturen prüfen. Unser Tipp vorab: Hinterfrage die hierarchischen Strukturen. So kannst du deine internalisierten Rassismen und Vorurteile in den Fokus nehmen – und sie entlernen. Suche dir dafür ein Fallbeispiel anhand eines Landes aus, welches als „Entwicklungsland" bezeichnet wird, und recherchiere zu den Ursachen. Lege den Fokus hierbei auf rassistische Machtstrukturen und koloniale Geschichte. Wieso werden westliche Länder als überlegen dargestellt? Wieso sind oder werden sie als reicher, moderner und entwickelter dargestellt? Woher kommt dieser assoziierte Reichtum? Woher kommt im Gegensatz die assoziierte Armut? Findest du Hinweise oder Beispiele dafür, wie der wirtschaftliche Reichtum westlicher Länder mit der wirtschaftlichen Armut von Ländern des globalen Südens zusammenhängt? Sucheinträge wie „Folgen des Kolonialismus für [Land einfügen]" und andere zum Thema passende Schlagwörter können dir bei deiner Recherche helfen. Aber: Achte auch bei dieser Recherche genau darauf, wer spricht und aus welcher Perspektive informiert wird.

Fallbeispiel Land:

Kolonialgeschichte:

Veränderungen in Wirtschaft und Gesellschaft:

Auswirkungen heute:

Nach dieser Rechercheaufgabe kommen wir zurück zum Kapitelthema „Allyschaft" und haben schon die ersten Fragen an dich, die wir dir im Kontext performativer Allyschaft stellen möchten:

- Erinnerst du dich, wieso du dich entschieden hast, unseren Ally Guide *Dear Discrimination* zu kaufen oder im Crowdfunding zu unterstützen? Diese Frage haben wir dir zu Anfang des Buches schon einmal gestellt. Wie würdest du jetzt, inmitten des Allyship-Kapitels, darauf antworten?
- Konntest du mit der Genre-Angabe „Ally Guide" direkt etwas anfangen?
- Warum möchtest du dich mit internalisiertem Rassismus auseinandersetzen?
- War dir vorher bewusst, dass es anstrengend werden würde, sich mit dem Thema Rassismus zu beschäftigen?

Denke einmal kurz darüber nach, bevor du den nächsten Absatz unseres Kapitels liest.

Und wie mache ich es nun richtig?, fragst du dich vielleicht. Um dies gebührend beantworten zu können, haben wir direkt die nächsten Fragen zur Selbstreflexion für dich parat. Sie sollen dir dabei helfen, authentische Allyschaft von performativer differenzieren zu können und deine eigene Motivation zu hinterfragen. Wir ermutigen dich wieder, so ehrlich wie möglich zu dir selbst oder im Gespräch mit anderen darüber zu sein. Schlussendlich geht es nicht darum, dich anzugreifen oder bloßzustellen, sondern dich dabei zu unterstützen, Ally für Bi_PoC zu sein. Hier also unsere Fragen:

- Warum möchtest du Ally für Negativbetroffene von Rassismus sein?
- Was erhoffst du dir im Gegenzug von Negativbetroffenen?
- Erwartest du Lob oder Anerkennung? Wenn ja, von wem und warum?
- Wie fühlst du dich, wenn du weder Lob noch Anerkennung für deine Unterstützung erhältst?
- Würdest du dieselbe Unterstützung leisten, wenn du niemandem davon erzählen könntest?
- In welcher Form, glaubst du, unterstützt du?
- Wie, glaubst du, hilfst du damit Negativbetroffenen konkret?
- Wie profitierst du von deiner Allyschaft?
- Hast du Negativbetroffene gefragt, wie du sie am besten unterstützen kannst? Oder gehst du davon aus, dass du es weißt?
- Weißt du, wo die Grenze zwischen MIT jemandem und ÜBER/FÜR jemanden reden verläuft?
- Unterstützt du gerade wirklich Negativbetroffene oder nimmst du viel mehr ihren Platz ein und solltest besser das Mikro/den Raum/ den Auftrag abgeben?

Puh, das waren Fragen, die ganz schön entlarvend sein können, oder? Wir wollen dir nun zeigen, wie du Negativbetroffene authentisch und effektiv unterstützen kannst, ohne dabei beispielsweise White Saviorism → und Performative Allyschaft → zu betreiben. Dafür bieten wir dir hier einen kleinen Ally Guide, der im Rahmen unserer netzaktivistischen Arbeit entstanden ist. Eine ausführliche Variante findest du unter https://wirmuesstenreden.blogspot.com/p/how-to-be-ally-guide-bi-poc-white-allies.html. Der Ally Guide ist Ende 2018 entstanden und wurde mithilfe Negativbetroffener unserer Community, ihren Gedanken und Erfahrungen dazu, auf unserem Instagram-Account zusammengetragen. Er wird ständig aktualisiert:

 Nimm Negativbetroffenen Last ab und lade sie ihnen nicht auf. In Situationen, in denen Rassismen reproduziert werden, solltest du dein Privileg, weiß zu sein, nutzen und dich damit auseinandersetzen, anstatt Negativbetroffene vorzuschicken oder zur Handlung aufzurufen.

 Mach den Mund auf! Stell dich – je nach Situation – daneben, davor oder dazwischen – dorthin, wo die negativ betroffene Person dich braucht und haben will. Sag etwas, wenn eben erwähnte in eine rassistische Situation gerät. Wichtig: Frag aber vorher, ob du einschreiten sollst. Im Fokus stehen die negativ betroffene Person und ihre Bedürfnisse, nicht die Täter*innen.

 Frage nach, wie du eine negativ betroffene Person am besten unterstützen kannst, anstatt in voreiligem Aktionismus loszuziehen. Nicht alle Bi_PoC wollen jederzeit mit persönlichen Rassismuserfahrungen und traumatischen Erinnerungen konfrontiert werden.

4. Erwarte keine Anerkennung von Negativbetroffenen und erzähle ihnen nicht ungefragt, was du schon zur Unterstützung von und für Bi_PoC getan hast.

5. Nutze dein weißes Privileg vor allem, um andere weiße Menschen aufzuklären.

6. Unterstütze Negativbetroffene, indem du ihre Expertisen und ihre Arbeit wertschätzt, weiterleitest und entlohnst. Empfehle zum Beispiel Bi_PoC-Aktivist*innen weiter, die sich gegen Rassismus einsetzen. Folge Diskussionen nicht nur passiv, sondern benenne und entlohne die, die Bildungsarbeit leisten und ihr Wissen und Expertisen mit dir teilen. Wichtig ist aber auch, dass du nicht nur jene Negativbetroffenen unterstützt, die aktivistisch auftreten.

7. Bezeichne dich nicht selbst als „Ally". Negativbetroffene entscheiden, ob du es bist.

8. Sei intersektional! Denke daran, dass viele Bi_PoC an Mehrfach- und Schwermarginalisierung leiden und deshalb unterschiedlich von Rassismus, dessen Manifestationen und Auswirkungen betroffen sind.

9. Wenn du dir nicht sicher bist, ob etwas, was du machst, rassistisch sein könnte, beispielsweise Kostümierung oder kulturelle Aneignung auf Reisen, vermeide es.

10. Beschäftige dich mehr mit Themen über Rassismus und Antirassismus, von denen du noch nichts oder nicht viel weißt, und lobe dich nicht für die Dinge, die du schon weißt.

 Zensiere rassistische Sprache, um diese nicht zu reproduzieren. Das bedeutet im Schriftlichen konkret: Zensiere das Wort vollständig, außer den ersten Buchstaben (beispielsweise das I-Wort →) oder zensiere bestimmte Buchstaben (beispielsweise Ind*aner). Falls du dir nicht sicher bist, wie du ein Wort richtig zensieren kannst, recherchiere zu diskursrelevanten Themen und schau dir an, wie das Wort dort zensiert wird. Solltest du dich jetzt fragen, welchen Unterschied es macht, wenn lediglich ein Buchstabe ersetzt wird, dann verstehen wir das sehr gut und bieten dir hiermit unsere Antwort: Hast du die Möglichkeit, die Wörter vollständig zu zensieren, solltest du das unbedingt tun. Manchmal ist die zweite Variante allerdings „notwendig", um zum Beispiel im Gespräch mit jemanden, der*die nicht weiß, was mit „I-Wort" gemeint ist, kommunizieren zu können. Dann kannst du dies durch die weniger zensierte Version erklären, ohne rassistische Sprache zu reproduzieren. Darüber hinaus zeigst du damit anderen, insbesondere Negativbetroffenen, dass dir die Problematik des Worts bewusst und es dir wichtig ist, diesen Rassismus nicht wiederzugeben. Und im Mündlichen: Da die Variante der *-Zensierung nicht in einer mündlichen Gesprächssituation möglich ist, empfehlen wir dir, zu benennen, für welche Gruppe das diskriminierende Wort als Beleidigung verwendet wird (paraphrasieren), anstatt das Wort selbst zu benutzen. Anstatt Ind*aner sagt man beispielsweise „das I-Wort, das eine rassistische Beschreibung für die indigenen Menschen Amerikas ist".

 Setze Triggerwarnungen → bei reproduzierten Rassismen.

Da dieser Ally Guide im Kapitel 11 sozusagen das Herzstück unseres Mitmachbuchs ist, haben wir ihn dir noch einmal auf eine Doppelseite und zum Ausschneiden gesetzt. Du kannst die 12 Punkte weitergeben oder als kleines Poster an einem Ort anbringen, wo du sie immer wieder lesen wirst, um sie zu verinnerlichen.

Antirassistischer Ally Guide

von Wirmuesstenmalreden aus ihrem Buch *Dear Discrimination*

 Nimm Negativbetroffenen Last ab und lade sie ihnen nicht auf. In Situationen, in denen Rassismen reproduziert werden, solltest du dein Privileg, weiß zu sein, nutzen und dich damit auseinandersetzen, anstatt Negativbetroffene vorzuschicken oder zur Handlung aufzurufen.

 Mach den Mund auf! Stell dich – je nach Situation – daneben, davor oder dazwischen – dorthin, wo die negativ betroffene Person dich braucht und haben will. Sag etwas, wenn eben erwähnte in eine rassistische Situation gerät. Wichtig: Frag aber vorher, ob du einschreiten sollst. Im Fokus stehen die negativ betroffene Person und ihre Bedürfnisse, nicht die Täter*innen.

 Frage nach, wie du eine negativ betroffene Person am besten unterstützen kannst, anstatt in voreiligem Aktionismus loszuziehen. Nicht alle Bi_PoC wollen jederzeit mit persönlichen Rassismuserfahrungen und traumatischen Erinnerungen konfrontiert werden.

 Erwarte keine Anerkennung von Negativbetroffenen und erzähle ihnen nicht ungefragt, was du schon zur Unterstützung von und für Bi_PoC getan hast.

 Nutze dein weißes Privileg vor allem, um andere weiße Menschen aufzuklären.

 Unterstütze Negativbetroffene, indem du ihre Expertisen und ihre Arbeit wertschätzt, weiterleitest und entlohnst. Empfehle zum Beispiel Bi_PoC-Aktivist*innen weiter, die sich gegen Rassismus einsetzen. Folge Diskussionen nicht nur passiv, sondern benenne und entlohne die, die Bildungsarbeit leisten und ihr Wissen und Expertisen mit dir teilen. Wichtig ist aber auch, dass du nicht nur jene Negativbetroffenen unterstützt, die aktivistisch auftreten.

 Bezeichne dich nicht selbst als „Ally". Negativbetroffene entscheiden, ob du es bist.

Sei intersektional! Denke daran, dass viele Bi_PoC an Mehrfach- und Schwermarginalisierung leiden und deshalb unterschied- lich von Rassismus, dessen Manifestationen und Auswirkungen betroffen sind.

 Wenn du dir nicht sicher bist, ob etwas, was du machst, rassis- tisch sein könnte, beispielsweise Kostümierung oder kulturelle Aneignung auf Reisen, vermeide es.

 Beschäftige dich mehr mit Themen über Rassismus und Antiras- sismus, von denen du noch nichts oder nicht viel weißt, und lobe dich nicht für die Dinge, die du schon weißt.

 Zensiere rassistische Sprache, um diese nicht zu reproduzie- ren. Das bedeutet im Schriftlichen konkret: Zensiere das Wort vollständig, außer den ersten Buchstaben (beispielsweise das I-Wort→) oder zensiere bestimmte Buchstaben (beispielsweise Ind*aner). Falls du dir nicht sicher bist, wie du ein Wort richtig zensieren kannst, recherchiere zu diskursrelevanten Themen und schau dir an, wie das Wort dort zensiert wird. Solltest du dich jetzt fragen, welchen Unterschied es macht, wenn lediglich ein Buch- stabe ersetzt wird, dann verstehen wir das sehr gut und bieten dir hiermit unsere Antwort: Hast du die Möglichkeit, die Wörter vollständig zu zensieren, solltest du das unbedingt tun. Manchmal ist die zweite Variante allerdings „notwendig", um zum Beispiel im Gespräch mit jemanden, der*die nicht weiß, was mit „I-Wort" gemeint ist, kommunizieren zu können. Dann kannst du dies durch die weniger zensierte Version erklären, ohne rassistische Sprache zu reproduzieren. Darüber hinaus zeigst du damit ande- ren, insbesondere Negativbetroffenen, dass dir die Problematik des Worts bewusst und es dir wichtig ist, diesen Rassismus nicht wiederzugeben. Und im Mündlichen: Da die Variante der *-Zen- sierung nicht in einer mündlichen Gesprächssituation möglich ist, empfehlen wir dir, zu benennen, für welche Gruppe das diskrimi- nierende Wort als Beleidigung verwendet wird (paraphrasieren), anstatt das Wort selbst zu benutzen. Anstatt Ind*aner sagt man beispielsweise „das I-Wort, das eine rassistische Beschreibung für die indigenen Menschen Amerikas ist".

 Setze Triggerwarnungen→ bei reproduzierten Rassismen.

Okay, lass uns einmal durchatmen. Das ist ein forderndes Kapitel, oder? Es trägt viel vom bisher erlernten Wissen zusammen und testet, wie du den Weg in die Praxis finden kannst. Wenn du eine Pause brauchst, verstehen wir das. Leg das Buch doch mal beiseite und/oder tausche dich mit anderen über deine (neuen) Gefühle und Gedanken aus.

Bist du wieder startklar? Dann weiter! Wenn es um Allyschaft geht, werden wir im Rahmen unserer netzaktivistischen Arbeit am häufigsten von weißen Menschen gefragt, wie diese auf folgende Situationen reagieren können:

 Privat oder öffentlich, ohne Negativbetroffene (weißer Raum)
Geht es um eine Situation, in der keine Negativbetroffenen anwesend sind, ist es theoretisch dir überlassen, wie du darauf reagierst. Ein Beispiel wäre: Ein Familienmitglied sagt am Esstisch das I-Wort. Wir fordern immer dazu auf, in solchen Situationen zu reagieren, in Opposition zu gehen und damit auch für Negativbetroffene einzustehen. Allyschaft sollte nicht nur unter Anwesenheit Negativbetroffener stattfinden, sondern auch und vor allem in ganzheitlich weißen Räumen, in denen du dein weißes Privileg nutzen kannst, um andere weiße Menschen aufzuklären. Damit setzt du dich letztendlich auch dafür ein, Negativbetroffene, schon vorher, vor solchen konfrontativen Situationen zu schützen.

 Privat oder öffentlich (zum Beispiel Werbung, Filme, Videos, Podcasts, Postings), mit Negativbetroffenen
Dieses Szenario meint, dass Bi_PoC direkt betroffen sind. Ein Beispiel dafür könnte eine diskriminierende Werbung sein. Ally zu sein, heißt sich aktiv einzusetzen und dagegen auszusprechen. In Kapitel 7 „Das ist euer

Job" haben wir bereits erzählt, wie wichtig es ist, Negativbetroffenen Last abzunehmen. Ergreife die Initiative. Reiche eine Beschwerde beim verantwortlichen Unternehmen ein und/oder melde den Beitrag dem sozialen Netzwerk, in welchem du ihn gefunden hast. Komm auch mit anderen Menschen ins Gespräch, die die problematischen Inhalte der Werbung nicht sehen können oder wollen, sie sehen und dennoch unterstützen und/oder sie unreflektiert verbreiten. Teile dein Wissen. Fordere die anderen auch auf, sich eigeninitiativ weiterzubilden. Empfehle aktivistische Accounts Negativbetroffener, die sich dazu äußern. Vergiss nie, Credits zu geben, also deine Quellen zur Weiterbildung, etwa Accounts, Zitate, Beiträge und Interviews, zu benennen.

Versuche immer, darauf zu achten, dass du in der Position als Ally kämpfst und sprichst und nicht aus Perspektive Negativbetroffener. Vermeide also, „für Bi_PoC" oder „über Bi_PoC" zu sprechen. Zum Beispiel kannst du anstatt „Negativbetroffene denken, dass…" sagen „Negativbetroffene haben sich schon oft dazu geäußert und gesagt, dass …" oder „Ich habe von Negativbetroffenen gelernt, dass …". Das macht einen Unterschied. Achte auch darauf, dass du sie zu Wort kommen lässt und das Mikro abgibst, wenn sie es wünschen.

 Privat oder öffentlich, mit Negativbetroffenen in Gefahrensituationen

In diesem Abschnitt möchten wir näher darauf eingehen, was du machen kannst und solltest, wenn Bi_PoC in einer konkreten Situation rassistisch angefeindet werden und du bist dabei. Jemand wird beispielsweise verbal und/oder körperlich angegriffen. Was tun?

Schreitest du ein? Bleibst du still? Holst du lieber schnell Hilfe? Eine Pauschalantwort für solche Situationen gibt es natürlich nicht, aber es muss vor allem darum gehen, Bi_PoC, die sich in direkter Gefahr befinden, zu unterstützen. Es ist wichtig zu berücksichtigen, ob du die negativ betroffene Person unterstützt oder sie mit deinem Hilfsangebot bevormundest.

Auch darauf gibt es keine allgemeingültige Antwort. Jeder Mensch denkt, fühlt und reagiert anders. Bi_PoC haben unterschiedliche Vorstellungen von Allyschaft – generell und situativ. Handelt es sich um deine Freund*innen, empfehlen wir, ganz allgemein zum Thema Allyschaft ins Gespräch zu kommen und abzuklären, was die Person in einer solchen Situation von dir erwartet. Kennst du die negativ betroffene Person nicht, ist es wichtig, sie zu fragen, wie du jetzt am besten helfen kannst. Du könntest zum Beispiel fragen „Wie geht es Ihnen, kann ich etwas für Sie tun? Was brauchen Sie? Wie kann ich helfen?" Merke dir auch, dass die Solidarität mit der rassistisch diskriminierten Person an erster Stelle steht. Es ist wichtiger, diese zu unterstützen und/oder aus der feindlichen Situation zu lösen, als gegen die Täter*innen – auf Kosten der Negativbetroffenen – vorzugehen. Das bedeutet nicht, dass es unwichtig ist, die Täter*innen zur Verantwortung zu ziehen, aber Negativbetroffene, ihre Sicherheit und ihr Wohlbefinden gehen vor. Auch wenn die Situation „vorbei" ist, solltest du nicht einfach weitergehen. Versichere dich, dass es der negativ betroffenen Person gut geht und frage, ob du noch etwas tun kannst.

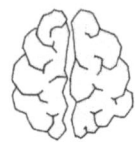

Kommunikation ist das A und O! Die von Rassismus negativ betroffene Person weiß am besten, welche individuellen Bedürfnisse bei ihr in dieser Situation entstehen und – was deine Handlungsfähigkeit anbelangt – relevant sind. Wir können dir nur Hilfestellung geben, letztendlich ist es aber entscheidend, was Negativbetroffene sich wünschen.

Achtung: Auch Allyschaft geht mit einer gewissen Machtposition einher. Du entscheidest, wie du deine Allyschaft umsetzt. Du hast die Wahl, Macht abzugeben, kannst sie aber auch jederzeit wieder entziehen. Negativbetroffene fühlen sich deshalb oft in eine Rolle gezwängt oder sich dazu gedrängt, besonders vorsichtig oder freundlich zu jenen weißen Menschen zu sein, die Macht über etwas in ihrem Leben besitzen. Sie geraten in ein Dilemma: Halte ich meinen Mund und ertrage die Verletzungen oder spreche ich mich dagegen aus und riskiere, Einfluss/Macht/Kreditierung/Unterstützung oder Ähnliches zu verlieren?

Hier ein persönliches Beispiel:
Ein größerer Account auf Instagram hatte uns in einer Story markiert und empfohlen. Dieser Account wollte seine überwiegend weiße Follower*innenschaft dazu bewegen, mehr netzaktivistischen Accounts zu folgen. Wir entdeckten allerdings, dass er in einem Beitrag -Ismen reproduzierte. Nachdem wir darauf aufmerksam gemacht hatten, wurde der Beitrag gelöscht und die Unterstützung uns wieder entzogen. Wie oft haben wir das schon erlebt? Zu oft!

Stelle deswegen sicher, dass deine Allyschaft nicht an Bedingungen geknüpft ist und du nicht nur denen ein Ally bist, die

du persönlich gut leiden kannst. Stelle dir die Fragen vom Anfang dieses Kapitels noch einmal.

Was für ein Ally bist du?

Platz für deine Notizen und Gedanken:

12. UMGANG MIT FEHLERN

Du hast dich mittlerweile durch elf Kapitel gearbeitet, sicherlich an der einen oder anderen Stelle gestutzt, innegehalten, tief durchatmen müssen, dich gut gefühlt, weil dir ein Licht aufgegangen ist, oder auch schlecht, weil du gemerkt hast, dass du bisher nicht so viel über Rassismus aus Negativbetroffenen-Perspektive wusstest. „Ich habe Fehler gemacht, was jetzt?", könnte ein Gedanke von dir sein.

Wir sagen dir: Fehler zu machen, ist normal! Wir sind Menschen. Wir werden erzogen und lernen von anderen Menschen, die uns oft vermeintliche Normen anstatt kritisches Denken beibringen. Uns werden Orientierungen, Werte und Ideale gelehrt, die auf einem rassistischen und kolonialistischen System beruhen. Das bedeutet, wir alle reproduzieren Rassismen und verletzen damit Negativbetroffene. Wir sagen wir, denn niemand ist davon ausgeschlossen – egal wie aufgeklärt wir sind und wie sehr wir uns darum bemühen, keine Fehler zu machen. Die wichtigste Erkenntnis in diesem Kapitel lautet also: Du wirst Fehler machen, wieder und wieder. Du wirst auch zukünftig internalisierte -Ismen reproduzieren, das ist unvermeidbar. Bitte denke nicht, dass du, nur weil du unseren Ally Guide liest, aktivistischen Accounts folgst und dich antirassistisch engagierst, fehlerfrei sein wirst oder dass dein Lernprozess irgendwann „abgeschlossen" ist. Es ist ja vor allem auch ein Prozess des Entlernens und schwierig, Werte bewusst zu vergessen, die dir als richtig vorgelebt worden sind. Und auch wenn du weniger Fehler machst, lebst du in einer Welt, die in der Breite leider noch nicht das nötige Bewusstsein dafür hat, Rassismus als gesamtgesellschaftliches Problem zu benennen und systematisch anzugehen – nämlich strukturell und institutionell, auf Ebene von Politik und Bildung.

Aus unserer netzaktivistischen Erfahrung heraus können wir dir ein paar Tipps geben, auf eine selbstreflektierte Weise mit

Fehlern umzugehen. Einfach ist das nämlich nicht. Wir machen sie auch, reproduzieren -Ismen und werden dann darauf hingewiesen. Das fühlt sich natürlich nicht toll an, wer will schon gern kritisiert werden? Und auch wir reagieren manchmal problematisch darauf. Aber es ist wichtig und notwendig, gerade als weiße Person nicht mit Wut oder Abweisung zu reagieren, sondern weiterhin zuzuhören. Lies dazu auch gern noch einmal in unseren Kapiteln „White Fragility" und „Empathie" nach. Hier unsere Tipps für einen achtsamen Umgang mit Fehlern im (Anti-)Rassismus-Kontext:

- Nimm die Kritik entgegen, atme erst einmal tief durch.
- Erkenne die Kernbotschaft der Äußerung, die konkrete Kritik. Bevor du nachfragst, versuche deine Wissenslücken durch Eigenrecherche zu schließen. Es gibt ganz sicher bereits Quellen zu dem Thema, mithilfe derer du dich informieren kannst.
- Versuche, eine vorschnelle Ego-Reaktion (White Fragility→) zu vermeiden. Frage dich viel mehr, warum eine negativ betroffene Person dich kritisiert?
- Falls du von einer weißen Person kritisiert wirst und ihr in ein Streitgespräch zum Thema Rassismus geratet, frage dich und die andere Person kritisch, ob ihr gerade über Bi_PoC sprecht. Verantwortungsvoll ist, als weiße Person – auch in Abwesenheit von Negativbetroffenen – auf Rassismen anderer weißer Menschen hinzuweisen, um sie bekämpfen zu können.
- Versuche, es als Möglichkeit wahrzunehmen, es zukünftig besser zu machen.
- Sei dankbar für diejenigen, die sich die Zeit und Energie genommen haben, dich auf dein problematisches Verhalten hinzuweisen.
- Vermeide es, dich herauszureden und übernimm Verantwortung für dein Verhalten. Es ist viel schlimmer

und verletzender für Negativbetroffene, wenn du dich rausreden oder rechtfertigen willst, anstatt die Kritik anzuhören und anzuerkennen.

- „Es war nicht so gemeint!" ist keine richtige Entschuldigung, sondern eine verletzende Ausrede. Es geht hier nicht um eine kleine üble Laune, es geht um Rassismus. Merke dir den Lernspruch: Auswirkung steht über Absicht (Original im Englischen: „Impact over Intent"). Es sagt aus, dass die Auswirkungen deiner Absicht, also wie deine Aktion von Negativbetroffenen wahrgenommen wird, mehr wiegt, als deine Aktion beziehungsweise Intention selbst. Du kannst etwas „gut gemeint" oder „nicht so gemeint" haben und trotzdem empfinden es Bi_PoC als verletzend und rassistisch.

- Entschuldige dich aufrichtig. Das bedeutet: „Entschuldige, dass dich das verletzt hat." ist keine richtige Entschuldigung. Das ist, als würde dich jemand schlagen und dann sagen „Sorry, dass dir das weh getan hat." Damit schiebst du die Verantwortung für dein Handeln weg und lädst sie auf die negativ betroffene Person ab.

- Erwarte keine Vergebung von Bi_PoC. Stell sicher, dass deine Entschuldigung auf der Motivation beruht, dich ändern zu wollen und weil dir bewusst ist, dass du einen Fehler gemacht hast, den du bereust. Wenn du dich allerdings nur entschuldigst, weil du dein Gewissen durch das Verzeihen von Bi_PoC beruhigen willst, dann ist deine Entschuldigung nicht authentisch.

- Es ist okay, wenn du emotional darauf reagierst, einen Fehler gemacht zu haben und/oder darauf hingewiesen zu werden. Vermeide es aber, dich bei Bi_PC „auszuweinen" (#whitetears➜), um ihr Verständnis oder Mitleid zu erhalten. Das ist emotionale Manipulation (Gaslighting➜), problematisch und letztendlich rassistisch.

Aufgabe 1

Zuletzt schlagen wir dir vor, dich auf ein kleines Beobachtungs- und Gedankenexperiment einzulassen. Wähle dir ein aktuelles Thema der Gesellschaft, suche dir einen Ort, an dem es öffentlich diskutiert wird, etwa Online-Zeitung, Social Media-Post, Blogbeitrag, Familienfeier, Forum oder Whatsapp-Gruppe, und beobachte, wie weiße Menschen dazu diskutieren. Du wirst merken: Menschen, die sich von rassismuskritischen Diskursen angegriffen fühlen, zum Beispiel in ihrem Weißsein, ihrer Position in einem rassistischen System oder Ähnlichem, kommunizieren häufig sehr gewaltvoll, besonders mit Negativbetroffenen. Fühle einmal in dich hinein, was es mit dir (emotional) macht, diese Diskussionen zu verfolgen.

Aufgabe 2

Und nun übertrage deine Beobachtungen auf das Thema unseres Ally Guides: Rassismus. Was für eine Kommunikation würdest du im Fall einer solchen Gesprächssituation als angemessen vorschlagen? Das ist sicherlich eine schwierige Frage, aber auch auf diese möchten wir dich mithilfe des Ally Guides vorbereiten. Hierfür empfehlen wir dir, zusätzlich den Glossareintrag zum Begriff Tone Policing→ zu lesen, denn natürlich geht es uns nicht darum, die Emotionen und Reaktionen von Bi_PoC zu kritisieren oder zu bewerten. Wir wollen dich in einem ersten Schritt dafür sensibilisieren, WIE du als weiße Person auf gewaltvolle Kommunikation zum Thema Rassismus mit anderen weißen Personen reagieren kannst. Dabei ist niemals zu vergessen, dass ihr, beide Parteien, von Rassismus Begünstigte seid. Wie reagierst du zum Beispiel, wenn du jemandem aus deiner Verwandtschaft zur nächsten Familienfeier von deiner Leseerfahrung unseres Ally Guides erzählst, vielleicht sogar neues Wissen dazu teilst, und die Reaktion deines Gegenübers nicht deinen Erwartungen entspricht? Versuche dabei, alles bisher Gelernte aus *Dear Dicrimination* mitzudenken. Erkennst du in der Art und Weise, wie manche weißen Menschen mitdiskutieren, Manifestationen von Rassismus wieder, über die du bereits hier im Mitmachbuch gelesen und gelernt hast?

Bedenke dabei, dass Rassismus keine Meinung ist. Wenn weiße Menschen ihren Rassismus mit der Aussage „Ich bin da anderer Meinung" rechtfertigen, zeigt dies vor allem eins: Ihren Versuch, Rassismus unter dem Deckmantel der Meinungsfreiheit/-verschiedenheit zu tarnen. Damit leugnen sie Rassismus, sie praktizieren ihn und geben Verantwortung ab.

Platz für deine Notizen und Gedanken:

13.
CRITICAL WHITENESS

Wenn es um deinen Prozess des Entlernens im Rassismus-Kontext geht, ist es wichtig, dich selbst zu reflektieren, ehrlich und kritisch mit deinem eigenen Weißsein, deiner Rolle in einem rassistischen System, deiner Verantwortung gegenüber Negativbetroffenen und deinen internalisierten Rassismen umzugehen. In den vorherigen Kapiteln haben wir schon über weiße Fragilität→, Empathie für Negativbetroffene von Rassismus und rassistisches Denken und Handeln Begünstigter gesprochen. Außerdem hast du dein neues Wissen praktisch erprobt. Final möchten wir dich noch näher an dein eigenes Weißsein heranführen und dich bei der Bewusstwerdung eigener internalisierter Rassismen unterstützen. Internalisierte Rassismen sind, ganz allgemein gesprochen, Denkmuster und Verhaltensweisen von Menschen, die durch Erziehung, Bildung und Medien verinnerlicht worden sind; dies betrifft alle Menschen, besonders jene, die in weißdominierten Gesellschaften leben.

Der Begriff Critical Whiteness→ meint in unserem Verständnis vor allem, einen kritischen Dialog mit dir selbst zu führen und bisher angenommene Werte, die beispielsweise durch Erziehung und Medien geprägt wurden, im Rassismus-Kontext in Frage zu stellen. Es geht darum, die unangenehme Auseinandersetzung mit der Wahrheit über Privilegien, -Ismen und Mittäter*innenschaft nicht zu scheuen und ein Verständnis dafür zu entwickeln, dass auch du Teil des gesamtgesellschaftlichen Problems Rassismus bist. Uns geht es hierbei um Verantwortung. Es geht darum, Negativbetroffenen zuzuhören, ihre Kritik und Wut anzunehmen und die Verantwortung, die du als weißer Mensch für Rassismus trägst, anzuerkennen.

Natürlich ist es am wichtigsten, Negativbetroffenen zuzuhören. Es ist aber auch wichtig, in sich selbst hineinzuhören, um internalisiertes Denken und Handeln als solches erkennen und dadurch überwinden zu können. Im Entlernen-Prozess weißer

Menschen investieren Bi_PoC die meiste Arbeit und klären auf. Das muss sich dringend ändern!

Es geht hier nicht darum, Negativbetroffene zu bevormunden oder sich anzumaßen, in ihrem Namen über Rassismus aufzuklären. Das kannst du nicht. Bist du dir unsicher diesbezüglich, was wir genau meinen, dann lies doch noch einmal Kapitel 11 „Allyschaft".

Abschließend haben wir für dich einige Fragen zur Selbstreflexion zusammengestellt, die dich zum Nachdenken anregen sollen. Du kannst sie auch benutzten, um mit anderen weißen Menschen darüber ins Gespräch zu kommen:

- Wenn dir im Alltag Bi_PoC begegnen, welche Assoziationen hast du dann in dem Moment? Beobachte deine Gefühle und Gedanken in dieser Situation einmal genau.
- Hast du nach unserer bisherigen Lektüre eine konkrete Vorstellung davon, was internalisierte Rassismen sind oder fällt es dir noch schwer, dir diese zu vergegenwärtigen?
- Welche Beispiele für internalisierte Rassismen – dich selbst betreffend, in deinem Umfeld oder aktuellen öffentlichen Debatten beobachtet – fallen dir spontan ein?
- Bist du durch den Ally Guide auf Rassismen gestoßen, die du selbst bisher reproduziert hast, beispielsweise auf Reisen oder beim Dating? Wenn ja, welche?
- Was wirst du ab jetzt unternehmen, um bisher reproduzierte Rassismen zu entlernen?

- Wie fühlst du dich, wenn Bi_PoC über ihre Rassismuserfahrungen sprechen?
- Wie fühlst du dich, wenn sich Bi_PoC kritisch über Weißsein und Themen im Rassismuskontext äußern?
- Hast du vorm Lesen unseres Ally Guides schon bewusst über dein Weißsein und damit verbundene (strukturelle und institutionelle) Privilegien nachgedacht?
- Was bedeutet es für dich jetzt – nach dieser Lektüre – selbst weiß zu sein?
- Wie und wann profitierst du von deinem Weißsein?
- Bist du schon einmal, bewusst oder unterbewusst, in eine Situation geraten, in der du davon profitiert hast, weiß zu sein?
- Hast du es schon einmal, bewusst oder unbewusst, ausgenutzt, weiße Privilegien zu besitzen, beispielsweise auf Reisen, im Arbeitsleben, in Diskussionen oder woanders?

Du musst nicht sofort auf alle Fragen eine Antwort haben. Du könntest dich zunächst damit auseinandersetzen, wieso du nicht alle Fragen beantworten kannst oder bisher noch nicht über diese oder jene Frage nachgedacht hast. Vielleicht fällt es dir am Ende des Buches leichter, vielleicht erst in ein paar Wochen, wenn du das neue Wissen verarbeiten konntest. Diese Fragen können dir jedenfalls helfen, an dir zu arbeiten, und dir aufzeigen, bei welchen Themen du dein Wissen vertiefen solltest. Nun musst du selbst investieren – Zeit, Geduld und Einsicht – und darfst nach der Arbeit mit unserem interaktiven Ally Guide nicht damit aufhören.

Fragen sind toll, oder? Du kannst hier auch ein paar Fragen festhalten, die nicht in unserem Fragenkatalog enthalten sind, dir jetzt aber auf dem Herzen liegen oder in den Sinn kommen. Wer nicht aufhört, sich selbst und die Welt immer wieder neu und kritisch zu hinterfragen, wird auch immer weiter lernen und kann dazu beitragen, unsere Gesellschaft zu verändern. Beim Fragenstellen darf es nur natürlich nicht bleiben. Antirassistisches Engagement zu entwickeln, bedeutet – wir merken, wir wiederholen uns da –, sich immer und immer wieder mit sich selbst und den eigenen internalisierten und reproduzierten Rassismen auseinanderzusetzen. Es bedeutet, sich diese Fragen nicht nur einmalig mit der Lektüre, sondern auch weiterhin zu stellen. Im Laufe der Zeit wirst du sehen, dass deine Antworten auf diese Fragen sich verändern werden, dass du sie bestimmt bald leichter beantworten kannst – und sogar noch detaillierter. Es bedeutet darüber hinaus, diese Fragen auch deinem Umfeld zu stellen und einzuhaken, wenn deine Mitmenschen sich rassistisch verhalten; und damit meinen wir nicht nur dein direktes Umfeld, sondern gesamtgesellschaftlich und institutionell. Auf der Arbeit. Bei den Dingen, die du alltäglich konsumierst. In deiner Haltung Unternehmen gegenüber, von denen du Produkte kaufst und in die du dein Geld investierst. Hinsichtlich der Inhalte, die du in Bildungseinrichtungen lernst und die du bisher als „normal" wahrgenommen hast.

Platz für deine Notizen und Gedanken:

Gut, dass du diesen ersten Weg gemeinsam mit uns gegangen bist! Wir freuen uns, wenn du uns über deinen Prozess des Entlernens berichtest, ob nun per Mail, mit Screenshots zu einzelnen Aufgaben, Kapiteln und Seiten und/oder via Direktnachricht auf Instagram unter @wirmuesstenmalreden, anonym oder namentlich – erzähl es uns gern. Wir sind sehr interessiert daran, zu erfahren, was du jetzt denkst und fühlst.

An unsere Bi_PoC-Leser*innen: Falls du Lust hast, laden wir dich herzlich ein, uns konkretes Feedback auf unseren antirassistischen Ally Guide zu geben. Auf diese Weise können wir unsere eigene Arbeit als rassismuskritisches Netzkollektiv evaluieren, hinterfragen und verbessern.

An unsere weißen Leser*innen: Auch dich laden wir ein, uns Rückmeldung zum Buch zu geben, um den Mitmachcharakter unseres Ally Guides auszuwerten. Wie bist du mit der Struktur des Buches, den interaktiven Formaten, Checklisten, Fragen und Aufgaben klargekommen? Erzähl es uns!

Für Feedback zum Buch und unserer aktivistischen Arbeit haben wir eine eigene Mailadresse eingerichtet, an die du gern schreiben kannst: deardiscrimination@gmail.com

Danke an alle, die uns von ihrem Lese- und Lernerlebnis berichten. Damit ermöglichst du uns, zu erfahren, wie nächste Projekte und Veröffentlichungen von Wirmuesstenmalreden aussehen könnten.

Das Projektteam von Dear Discrimination

Nats
von Wirmuesstenmalreden
Autorin und Herausgeberin

Esin
von Wirmuesstenmalreden
Autorin und Herausgeberin

Julia
von Wirmuesstenmalreden
Autorin und Herausgeberin

Hannah Marc
Illustratorin

Laura Hofmann
Gastverlegerin

Rose Kapuya
Politisches Lektorat

Nikola Richter
Gründerin und Verlegerin von mikrotext

AWARENESS GLOSSAR

Unser Awareness-Glossar auf https://wirmuesstenreden.blog-spot.com ist aus dem Bedürfnis unserer Community heraus entstanden, eine Sammlung diskursrelevanter Begriffe zum Thema Rassismus zu erstellen. Seit 2018 schreiben, ergänzen, aktualisieren und korrigieren wir das Glossar online und stellen bestimmte, sich im Diskursverlauf semantisch verändernde und auch neu im Rassismus-Diskurs hinzukommende Begriffe in unserer Bi_PoC-Community, beispielsweise auf Instagram, zur Diskussion. Unser Glossar befindet sich ständig in Bearbeitung. Bei uns führen Bi_PoC den linguistischen Diskurs zur Sprache über Rassismus an. Bevor du die Definitionen unseres Awareness-Glossars liest und anwendest, ist es uns wichtig, zu betonen, dass komplexe Strukturen und Begriffe wie „Allyschaft" nicht auf ein paar Sätze reduziert werden können. Wir möchten dir zu einem Grundverständnis für verschiedene aktivistische Begriffe verhelfen, können aber keine Vollständigkeit gewährleisten. Sieh diese Definitionen nicht als unumstrittene Wahrheiten an, sondern informiere dich bei unterschiedlichen Quellen (Negativbetroffener), um dir ein besseres Verständnis über aktivistische und politische Begriffe und ihre Bedeutungen zu verschaffen.

Ally

Im Kontext von *Dear Discrimination* sind Allies Personen, die nicht negativ von Rassismus betroffen, sondern von Rassismus begünstigt und für diese Diskriminierungsform mitverantwortlich sind, eben weil sie davon profitieren; und sich deswegen für die Menschen, die von Rassismus negativ betroffen sind (Bi_PoC), aktiv einsetzen.

Anti-Indigeneity

Anti-Indigeneity ist der Begriff für Rassismus, Diskriminierung und Unterdrückung, die sich speziell gegen indigene Menschen richtet, auch ausgehend von anderen, nicht-indigenen, Schwarzen und People of Color.

Antimuslimischer Rassismus

Antimuslimischer Rassismus beschreibt die Diskriminierung, Unterdrückung, Ausgrenzung und Stereotypisierung jener Menschen, die muslimisch sind und/oder aufgrund von Stereotypisierung als muslimisch kategorisiert werden.

Anti-Schwarzer Rassismus

Für mich* handelt es sich bei Anti-Schwarzem Rassismus um eine Diskriminierungsform, die sich gegen Schwarze und als Schwarz gelesene Menschen richtet und ihre gezielte Abwertung und Dehumanisierung umfasst. Hierbei ist es unerheblich, ob diese Menschen tatsächlich Afrikaner*innen sind oder als Afrikaner*innen gelesen werden. Der Ursprung des Anti-Schwarzen Rassismus geht in die vorkoloniale Zeit zurück und ist bis heute tief in den Köpfen vieler Menschen verankert.

Anti-Schwarzer Rassismus unterscheidet sich von anderen Rassismen (z. B. Rassismus gegenüber Sinte*zze und Rom*nja oder Antimuslimischer Rassismus →). Schwarze Menschen und People of Color machen unterschiedliche Rassismuserfahrungen. Dennoch sind bei allen die gleichen Wirkungs- und Machtmechanismen aktiv.

*Dieser Glossarbeitrag wurde uns von Rose Kapuya zur Verfügung gestellt. Sie ist Rehabilitationspädagogin und Kunsttherapeutin für Bi_PoC und hat ein politisches Lektorat für den Titel *Dear Discrimination* durchgeführt.

Bi_PoC

Bi_PoC steht für Black, Indigenous _ und People of Color. Der Unterstrich sagt dabei aus, dass es von Rassismus negativ betroffene Menschen gibt, die sich mit keiner der drei Bezeichnungen identifizieren beziehungsweise keiner der genannten Begriffe zugeordnet werden können und/oder wollen. Auch die Groß- und Kleinschreibung spielen hier eine Rolle und sind nicht zufällig gewählt. Handelt es sich um Selbstbezeichnungen, wie bei „Black/Schwarz" oder „People of Color", wählen wir die Großschreibung. „indigenous" ist eine Fremdbezeichnung und wird im Buch daher durchgängig kleingeschrieben.

Und hier präsentieren wir dir unser Verständnis des Begriffs: Bi_PoC ist nicht nur ein Sammelbegriff für rassifizierte/von Rassismus negativ betroffene Menschen, sondern ebenfalls ein Sammelbegriff für unterschiedliche Identifizierungen und Identitäten innerhalb dieser „Gruppe" (Schwarz, indigen, People of Color und mögliche weitere Selbstbezeichnungen), die unterschiedliche Rassismuserfahrungen, geschichtlichen Kontext und Negativbetroffenheit und verschiedene Lebensrealitäten besitzen. Zum Beispiel erfahren indigene Menschen ähnliche, aber auch vollkommen unterschiedliche und spezifische Rassismuserfahrungen und haben einen anderen geschichtlichen Bezug zum Kolonialismus als andere rassifizierte Gruppen. Daher ist die Definition und Ausführung von „Allyschaft" eine individuelle und spezifische Anpassung an diese unterschiedlichen Lebensrealitäten und Marginalisierungen und kann niemals verallgemeinert werden.

Cis

Menschen, die sich mit dem binären Geschlecht (männlich – weiblich) identifizieren, das ihnen aufgrund der eigenen Chromosomen und der Genitalien bei der Geburt zugeschrieben wurde.

Colorism

Colorism bezeichnet eine Art von Rassismus, die sich speziell auf die Hautfarbe bezieht und bei der Bi_PoC mit dunklerer Haut nicht nur schwermarginalisiert sind, sondern ebenfalls unter Diskriminierung, Unterdrückung und Ausgrenzung durch andere Bi_PoC leiden, die mehr der eurozentrischen Norm entsprechen, in diesem Fall eine hellere Hautfarbe besitzen. Light-skinned Bi_PoC verfügen aufgrund von Colorism über Privilegien (siehe dazu auch „Light-skinned Privilege").

Critical Whiteness

Critical Whiteness meint die kritische Auseinandersetzung mit dem eigenen Weißsein und allem, was damit verbunden ist. Es beschreibt einen Prozess, bei dem sich weiße Menschen offen und intensiv mit der eigenen Rolle in einem rassistischen System sowie mit den eigenen internalisierten und reproduzierten Rassismen auseinandersetzen.

Cultural Appreciation

Cultural Appreciation, zu Deutsch „Kulturelle Wertschätzung", beschreibt die Verwendung von Bi_PoC- Kulturgut auf eine respektvolle, wertschätzende und selbstreflektierte Art. Hierbei handelt es sich um einen Austausch auf Augenhöhe, von dem du als weiße Person nicht profitierst und der unter Konsens von Bi_PoC stattfindet. Ein Beispiel dafür ist das Tragen traditioneller Kleidung für eine Hochzeit auf Wunsch der Hochzeitsgesellschaft. Im wirtschaftlichen Kontext bedeutet dies, dass Bi_PoC mehrheitlich und/oder vollständig (finanziell) profitieren.

Cultural Appropriation

Cultural Appropriation, zu Deutsch „Kulturelle Aneignung",
bezeichnet die Aneignung kulturellen und ethnischen Guts,
oft ausgehend von einer privilegierteren Gruppe (zum Beispiel weiße Menschen), ohne die Geschichte, die Erfahrungen,
Traditionen und Lebensrealitäten in Zusammenhang mit den
Marginalisierungen und Diskriminierungserfahrungen der
negativ betroffenen Gruppe zu verstehen, zu respektieren und/
oder Teil dieser „Gruppe" zu sein. Das bedeutet konkret, dass
die Aneignung von einer in diesem Kontext privilegierten Person ausgeht, was ein Machtgefälle schafft und Bi_PoC weiter
unterdrückt. Kulturelle Aneignung geht oft mit Exotisierung→
und White Gaze→ einher. Im wirtschaftlichen Kontext hat
kulturelle Aneignung viel mit Profit-Steigerung zu tun.

Achtung: Im Beispiel haben wir aufgezeigt, wie das
Machtgefälle von weißen Personen ausgeht, weil
kulturelle Aneignung oft, aber nicht ausschließlich
von weißen Personen verübt wird. Aber: Auch von
Rassismus negativ betroffene Menschen können
kulturelle Aneignung gegenüber anderen Bi_PoC
betreiben.

Emotional Labour/emotionale Arbeit

Hinsichtlich der Rassismus-Thematik bezeichnet emotionale Arbeit die mentale Kraft und die Emotionen, die
Negativbetroffene investieren, um weiße Menschen aufzuklären. Emotionale Arbeit kann sich aber auch auf den
Heilungsprozess beziehungsweise die Verarbeitung emotionaler Traumata, die durch Rassismuserfahrungen entstanden
sind, beziehen.

Empathy Gap

Der Begriff Empathy Gap beschreibt hier im Buch das fehlende Verständnis Begünstigter hinsichtlich Rassismus als System und Handlung und ihr mangelndes Mitgefühl gegenüber Negativbetroffenen, deren Schmerz, Erfahrungen, Gefühlen und Lebensrealitäten.

Empowerment

Empowerment, zu Deutsch „(Selbst-)Bestimmung" oder „(Selbst-)Ermächtigung", besitzt im Antirassismus-Diskurs keine einheitliche Definition, da Negativbetroffene auf unterschiedliche Weise Empowerment empfinden können. Für uns beschreibt es ein Gefühl der Stärke, der Überwindung und des Sich-Erhebens, sich selbst und/oder anderen Negativbetroffenen Mut zu machen und sich gegenseitig zu unterstützen. Ein Akt des Empowerments kann beispielsweise ein Safer Space-Event sein, das von und für Negativbetroffene[n] organisiert wird. Empowerment kann für Bi_PoC auch Selbstliebe und Selbstakzeptanz bedeuten – in einer rassistischen Welt, die so ausgerichtet ist, ebendies zu unterdrücken.

Eurozentrismus

Eurozentrismus bezeichnet die Betrachtung und Bewertung gesellschaftlichen Strukturen, Kulturen und Menschen und die Auf- und Abwertung dieser durch eine westlich-europäisch geprägte, weiß-zentrierte Perspektive. Dabei werden westliche/europäische Werte, wie zum Beispiel Kultur, Gesellschaft, Institutionen und Schönheit, zentriert und zur Norm ernannt, während alles, was von dieser vermeintlichen Norm abweicht, hierarchisch darunter liegt. Diese Abwertung schafft Machtstrukturen, die es allen, die davon abweichen, erschwert beziehungsweise unmöglich macht, – ohne Anpassung an den Eurozentrismus – als gleichwertig angesehen und behandelt zu werden.

Exotisierung

Exotisierung beschreibt, wenn Menschen, Kulturen oder beispielsweise Gesellschaften, die nicht in eurozentrische Standards passen, als „anders", „wild" und „exotisch" dargestellt werden. Oft wird diese Exotisierung durch die Täter*innen als etwas Gutes, gar als Kompliment empfunden. Hierbei wird allerdings das vom Eurozentrischen Abweichende als „nicht normal" und „anders" kategorisiert und zur Faszination, Belustigung oder zum Entertainment der Normgesellschaft ausgenutzt. Ein Beispiel hierfür ist der Missbrauch und die Falschdarstellung indigener Kulturen, Lebensrealitäten und Leiderfahrungen für die „Karl-May-Spiele" zur Unterhaltung eines weißen Publikums.

Gaslighting

Gaslighting meint in unserem Verständnis die emotionale Manipulation von Bi_PoC, denen Schuld und Reue sowie Mitleid eingeredet werden soll, indem Täter*innen mit emotionalem Verhalten, Tränen (#whitetears➜) und Ähnlichem reagieren. Gaslighting meint ebenfalls die Relativierung eines Problems oder die Ablenkung von einem Problem, indem die eigene Meinung als höherwertig dargestellt beziehungsweise versucht wird, Ausreden für die eigenen problematischen Handlungen zu finden (gemeint sind beispielsweise Aussagen wie „Ich bin da anderer Meinung", „So sehe ich das aber nicht und andere sehen das auch nicht so, und die sind Bi_PoC" und „Ich habe das aber ganz anders gemeint"). Dieses Verhalten dient dazu, Verantwortung abzugeben und vom eigenen Fehlverhalten abzulenken – und ist rassistisch. Gaslighting ist oftmals eine Reaktion von White Fragility➜.

Globaler Süden

Der Begriff „Globaler Süden" ist im Aktivismus eine alternative Bezeichnung für Länder, die von der westlichen Norm abweichen und nicht als „reiche Industrieländer" gelten. Der Begriff soll kolonialrassistischen Bezeichnungen wie „Dritte-Welt-Länder", „Schwellenländer" und „Entwicklungsländer" entgegenwirken und das Machtgefälle und die damit einhergehende Auf- und Abwertung verdeutlichen, bei welcher der Westen zentriert und als überlegen dargestellt wird.

Good-White-Person-Syndrome
Unter dem Good-White-Person-Syndrome verstehen wir das beständige und unablässige Bedürfnis weißer Menschen, zu beweisen, dass sie nicht Teil des Problems sind – obwohl sie es sind. Es meint das Leugnen ihrer Rolle bei der Aufrechterhaltung von Rassismus und weißer Vorherrschaft und macht sich oftmals in Taktiken wie Gaslighting→, #whitetears→, White Fragility→, White Saviorism→ und White Guilt→ bemerkbar.

Heteronormativität
Der Begriff Heteronormativität umfasst, dass Heterosexualität zur gänzlichen Norm erklärt wird, und schreibt allem, was davon abweicht, eine Andersartigkeit beziehungsweise Abnormität zu.

Headdress
Headdress ist eine Bezeichnung für traditionellen Kopfschmuck. Im Fallbeispiel in unserem Buch handelt es sich um den traditionellen Kopfschmuck mancher indigener Bevölkerungsgruppen.

Ind*aner/I-wort
Dies ist die rassistische Bezeichnung für indigene Menschen, die hunderte, vielleicht sogar tausende indigene Völker auf ein stereotypes, rassistisches Klischee reduziert. Rassistische Sprache darf niemals, egal in welchem Kontext, reproduziert werden. Besonders geäußert durch Begünstigte von Rassis-

mus haben rassistische Begriffe wie das I-Wort immer eine abwertende Komponente und können nicht neutral verwendet werden. Die Benutzung rassistischer Wörter und Beschreibungen, egal in welchem Kontext, ist rassistisch und absolut zu unterlassen.

Indigenous Erasure

Indigenous Erasure ist die systematische, institutionelle und/oder gesellschaftliche Verweigerung, Ausgrenzung und Leugnung indigener Menschen, ihrer Existenz, Lebensrealitäten, Rassismus- und Leiderfahrungen.

Inklusion

Inklusion bezeichnet die Einbeziehung marginalisierter Menschen in die Gesellschaft und in Machtpositionen und kämpft für ihre mediale sowie gesellschaftliche und institutionelle Repräsentation. Inklusion impliziert darüber hinaus das Einbeziehen marginalisierter Menschen mit Mehrfach- und Schwermarginalisierung→ sowie das Einbeziehen unterschiedlichster Perspektiven in Spaces und bedenkt dabei die Wünsche und Bedürfnisse dieser, etwa in Bezug auf mehrgewichtige Menschen die Frage zu stellen, ob die Stühle breit und stabil genug sind, sie zu tragen.

Intersektionalität

Intersektionalität bezeichnet die Berücksichtigung und Einbeziehung verschiedener Marginalisierungen (systemischer Benachteiligungen) als auch Privilegien. Mehr dazu liest du in den Einträgen Mehrfachmarginalisierung→ und Schwermarginalisierung→ oder auch zur Geschichte des Begriffs unter „Quellen und weiterführende Literatur".

Light-skinned Privilege

Light-skinned Privilege ist der Begriff für das Privileg von Bi_PoC mit helleren Hauttönen, die dadurch einer eurozentrischen, weiß-zentrierten Norm mehr entsprechen als Menschen mit dunkleren Hauttönen.

Marginalisierung

Menschen sind marginalisiert, wenn sie Unterdrückung, Ausgrenzung und Diskriminierung erfahren, die von institutioneller, sozio-ökonomischer, konstitutioneller und/oder systematischer Dimension ist. Marginalisierung beinhaltet auch, dass es immer eine privilegierte Gruppe gibt, die hinsichtlich des Themas begünstigt ist und lebt.

Mehrfachmarginalisierung

Von Mehrfachmarginalisierung sprechen wir, wenn eine Person mehr als nur eine Marginalisierung besitzt.
Negativbetroffenheit
Von Rassismus negativ betroffen sind rassifizierte Menschen, also Bi_PoC. Rassismus betrifft nicht nur jene, die darunter leiden, denn Rassismus ist ein System, welches aus der Gier nach Macht, Überlegenheit und Kontrolle weißer Menschen entstand. Bi_PoC deshalb als einzige „Betroffene" zu bezeichnen, nimmt somit Verantwortung und Handlungsbedarf gegenüber denen, die vom System Rassismus begünstigt sind oder werden.

Othering

Othering bezeichnet im Buch die Abgrenzung und die damit einhergehende Abwertung von allem, was von der eurozentrischen Norm abweicht, schreibt Andersartigkeit und Abnormität zu.

Pink Bubble

Die Pink Bubble, die dir in Kapitel 5 „Farbenblindheit" intensiver begegnet, bezeichnet den Zustand, in dem sich Menschen befinden, die nicht von einer bestimmten Marginalisierung betroffen sind und sich auch nicht kritisch mit den eigenen Privilegien, der Marginalisierung Negativbetroffener und den gesellschaftlichen Strukturen auseinandergesetzt haben. Die Pink Bubble beschreibt im Mitmachbuch einerseits weiße Menschen, die sich aufgrund fehlender Ressourcen, Bezugspunkte und Gelegenheiten noch nicht mit dem Thema Rassismus auseinandergesetzt haben. Gründe dafür können beispielsweise sein, dass sie in einem ausschließlich weißen Umfeld leben oder bisher keinen Zugang zu aufklärender Bildung haben. Andererseits steht die Pink Bubble für das wissentliche Sich-nicht-auseinandersetzen- Wollen und fehlendes Interesse an einer antirassistischen Weiterbildung, Aufklärung, Selbstreflexion und Allyschaft. Tupoka Ogette bezeichnet diesen Zustand in ihrem Buch *Exit Racism* als „Happyland".

Race*

Der Begriff Race* wird bei uns mit Sternchen geschrieben, da er eine problematische Wortgeschichte (konkret seine Verwendung im Kolonialismus) besitzt. „Race*" wird aber im Englischen, besonders im aktivistischen Diskurs, von Bi_PoC verwendet und trägt nicht dieselbe Bedeutung wie das deutsche Wort „Rasse", welches – auch heute noch – fälschlicher- und problematischerweise für „Race" als synonyme Übersetzung benutzt wird. Der Begriff „Rasse" ist veraltet und problematisch, weil er das Konzept „Rasse" repräsentiert. „Rasse" ist ein von weißen Menschen erfundenes Konstrukt, um ethnische Überlegenheit gegenüber Bi_PoC zu beweisen und damit Kolonialismus, Imperialismus und Rassentheorien zu rechtfertigen.

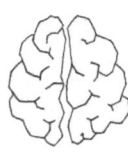

Es ist nicht rassistisch, wenn Bi_PoC Begriffe verwenden, die durch Rassismus und Kolonialismus entstanden sind. Bi_PoC nutzen Begriffe wie „Race*", „People of Color", „weiß" und so weiter, um aus Fremdbezeichnungen Selbstbezeichnungen werden zu lassen und Machtgefälle zu verdeutlichen. Wenn Bi_PoC dich „weiß" nennen oder auf unterschiedliche Races* aufmerksam machen, ist das nicht rassistisch, weil sie die Einteilung von Menschen in unterschiedliche Races* und Kategorien nicht erfunden haben. Sie leiden unter diesem Machtgefälle und machen mit der Verwendung historisch problematischer Begriffe, die sie im aktivistischen Diskurs umdeuten und für ihren antirassistischen Kampf einsetzen, auf eben dieses rassistische System aufmerksam.

Der Begriff „Race*" ist auch keinesfalls unproblematisch, aber eine der wenigen Alternativen, die bereits im aktivistischen Raum verwendet werden. Auch dies ist ein Beispiel dafür, wie sich aktivistische Diskurse und deren Sprache stetig verändern und weiterentwickeln. Mittlerweile wird beispielsweise divers darüber diskutiert, das Wort „Rasse" aus dem Grundgesetz zu entfernen.

Racism/Rassismus

Rassismus ist der Begriff, der in diesem Buch für die systematische, sozioökonomische, soziale und institutionelle Diskriminierung, Ausgrenzung, Kolonialisierung und Unterdrückung von Bi_PoC, insbesondere Schwarzen und indigenen Menschen, verwendet wird. Er steht immer in Verbindung mit Macht und ihren Strukturen. Aus diesem Grund können weiße Menschen keinen Rassismus erleben. Diskriminierung gibt es schon seit Anbeginn der Menschheit. Vor über 500 Jahren wurde Rassismus als globales System manifestiert, um Europa als Hochkultur und weiße Menschen als hierarchische Führung zu etablieren. Es obliegt den Negativbetroffenen, Rassismus zu definieren.

Rassifizierung

Manche Bi_PoC verwenden den Begriff „Rassifizierung", um klar darauf hinzuweisen, dass die Einteilung von Menschen in verschiedene Races* durch weiße Menschen erzwungen wurde. „Rassifizierte Menschen" meint in diesem Zusammenhang Menschen, die durch bestimmte Merkmale und Attribute als nicht-weiß gelesen und identifiziert werden und daher negativ von Rassismus betroffen sind.

Redskins*

Redskins* ist eine rassistische Bezeichnung für indigene Menschen, die sich auf die „rötlichen Hauttöne" bezieht, die mit indigenen Menschen assoziiert werden. Ein berühmtes Beispiel für die Benutzung des Wortes ist der Name des US-amerikanischen NFL-Teams „Washington Redskins*", die ebenfalls eine stereotype Darstellung eines indigenen Mannes als Logo verwenden.

Reparation

Unter dem Begriff „Reparation" versteht man im Rassismus-Kontext (vor allem finanzielle) Transferleistungen zur Entschädigung rassistischer und kolonialistischer Verbrechen und Traumata. Reparationszahlungen können einerseits von einzelnen Personen beansprucht werden, die sich Negativbetroffenen gegenüber rassistisch verhalten und daher Verantwortung für deren Schmerz, (RE-)Traumatisierung und Diskriminierung tragen. Andererseits kann Reparation auch von weißen Personen in ihrer generellen Rolle als Begünstigte von Rassismus oder von weißen Institutionen zur Entschädigung für Kolonialismus, Unterdrückung und Rassismus geleistet werden. Reparation ist nicht ausschließlich monetär zu verstehen und kann beispielsweise auch bedeuten, dass ein Museum gestohlenes Bi_PoC-Kulturgut an die ursprünglichen Besitzer*innen aushändigt, anstatt es weiterhin auszustellen und damit anzueignen, auszubeuten und zu reproduzieren.

 Der Begriff „Reparation" und seine Übersetzungsversuche zeigen, welche Macht Sprache im Antirassismus-Diskurs besitzt. Wir vermeiden in diesem Zusammenhang das Wort „Wiedergutmachung", denn Kolonialismus und Rassismus sind nicht wiedergutzumachen und kein Geldbetrag kann das verursachte Leid mindern. Reparation ist aber eine Möglichkeit, als Begünstigte*r die eigenen Ressourcen zu teilen, besonders jene, die auf weißen Privilegien basieren (White Privilege➜).

Reverse Racism

Reverse Racism beschreibt die irrtümliche Annahme, weiße Menschen könnten ebenfalls negativ von Rassismus betroffen sein. Diese Annahme basiert auf einem falschen Verständnis geschichtlichen Kontexts (Kolonialismus), Machtstrukturen und Rassismus; und ist oftmals mit White Fragility➜ verknüpft.

Safer Space

Der Begriff Safer Space meint einen symbolischen und/oder wörtlichen Raum von und für marginalisierte Menschen, in dem das Risiko für reproduzierte -Ismen durch Aufklärung, kritische Selbstreflexion und Respekt füreinander sowie durch geteilte oder ähnliche Lebensrealitäten und Diskriminierungserfahrungen minimiert wird. Oft sind diese Safer Spaces von und für Menschen, die die gleiche oder ähnliche Marginalisierung teilen, etwa Bi_PoC-Safer Spaces. Wir verwenden den Begriff „Safer Space" und nicht „Safe Space", weil das Risiko, -ismen zu reproduzieren, nie vollständig ausgeschlossen werden kann, auch nicht unter Negativbetroffenen. Wir alle besitzen internalisierte -ismen und reproduzieren diese auch, egal wie aufgeklärt wir bereits sind.

Schwermarginalisierung

Schwermarginalisierung liegt vor, wenn Menschen von einer Marginalisierung stärker betroffen sind als andere, die diese Marginalisierung teilen. Ein Beispiel für Schwermarginalisierung ist, dass eine dark-skinned Person stärker von eurozentrischen Schönheitsstandards negativ betroffen ist als eine light-skinned Person.

Silencing

Silencing wird auf unterschiedlichste Weisen betrieben, um marginalisierte Menschen zum Schweigen zu bringen, sowohl im metaphorischen als auch im wortwörtlichen Sinn. Es dient als Strategie, um sich nicht mit dem Gesagten auseinandersetzen und Verantwortung übernehmen zu müssen und spiegelt – bei uns im Rassismus-Kontext – die Angst weißer Menschen wider, gewisse Privilegien oder ein gewisses Image verlieren zu können. White Fragility→, Gaslighting→ und Tone Policing→ sind Beispiele dafür, wie sich Silencing manifestieren kann.

Tokenisierung

Tokenisierung im Rassismus-Kontext beschreibt oberflächliche Unternehmungen oder symbolische Gesten, um weltoffen, aktivistisch und aufgeklärt zu wirken, ohne dabei Selbstreflexion zu betreiben. Negativ betroffene Menschen werden hierfür instrumentalisiert.

Tone Policing

Tone Policing beschreibt eine Form von Silencing und emotionaler Gewalt, indem der unterdrückten Person das Recht auf Wut und Betroffenheit aberkannt wird. Ihre Emotionen werden beispielsweise als unnötig, grundlos oder übertrieben dargestellt. Dahinter verbirgt sich die Motivation, das Argument/die Anmerkung/ Kritik einer von Rassismus negativ betroffenen Person zu entkräften, wenn dies nicht nett, fürsorglich und verständnisvoll geäußert wird.

Triggerwarnung (Abkürzung: TW)

Triggerwarnung meint in unserem Buch eine vorausschauende Warnung, die einen problematischen, traumatisierenden, emotional fordernden Inhalt ankündigt, der bei Bi_PoC Stress, Traumata, Posttraumatische Belastungsstörung (PTBS) und weitere Reaktionen auslösen könnte. Triggerwarnungen vor genannten Beiträgen auszusprechen, dient dazu, Negativbetroffene zu schützen. Sie können auch dazu verhelfen, die Verbreitung problematischer Inhalte verantwortungsvoll zu begleiten und reproduzierte -Ismen zu zensieren. Vor einem besagten Inhalt könnte beispielsweise stehen „TW: Rassismus, Tone Policing, I-Wort".

Weiß

„weiß" beschreibt eine Machtposition und die festgelegte Norm. Es handelt sich also um eine politische Bezeichnung und nicht wortwörtlich um die Hautfarbe einer Person.

Weißer Rassismus*

Siehe dazu Eintrag zu Reverse Racism ➜

Whataboutism

Whataboutism ist eine Strategie, auf ein anderes Thema zu lenken oder, im Rassismus-Kontext, Bi_PoC in ihrer Argumentation verstummen zu lassen, um sich nicht mit der Kritik/der Problematik auseinandersetzen und somit auch keine Verantwortung übernehmen zu müssen. Der Begriff leitet sich von der Einstiegsphrase „Was ist mit …" (im Englisch „What about …") ab, mit welcher Whataboutism gern betrieben wird und woran du ihn auch erkennen und entlarven kannst.

White Comfort

White Comfort beschreibt die Verleumdung und das Ignorieren von Rassismus und dessen Manifestationen, damit weiße Menschen weiterhin in ihrer Pink Bubble➜ leben können (zum Beispiel: „Es gibt keinen Rassismus mehr. Ihr bildet euch das alles ein, weil ihr Opfer sein wollt!"). White Comfort ist es, wenn du Umschreibungen für bestimmte Dinge benutzt, die weiße Personen als Täter*innen bezeichnen oder diese zur Verantwortung ziehen. Es wird oftmals durch Sprache und die Weise, diese zu gebrauchen, verinnerlicht. Ein Beispiel dafür ist, den Begriff „Fremdenfeindlichkeit" anstelle des Worts „Rassismus" zu verwendet. Dahinter verbirgt sich die Idee, Bi_PoC sollten ihre Unterdrückung „nett" und „rücksichtsvoll" kommunizieren (siehe auch Tone Policing➜). Es dient dazu, weiße Menschen der Verantwortung zu entziehen und verlangt von Bi_PoC, Rücksicht auf die Gefühle weißer Menschen beim Thema Rassismus zu nehmen. Oft wird dabei nicht bedacht, dass dies von Negativbetroffenen zu verlangen selbst schon ein Akt der Unterdrückung und Gewalt ist. White Comfort kann in vielen Handlungen und Reaktionen zum Vorschein kommen.

White Fragility

White Fragility ist der Sammelbegriff für die Reaktionen weißer Menschen auf die Konfrontation mit Rassismus und die Rolle und Verantwortung, die weiße Menschen in diesem System besitzen.

White Gaze

White Gaze, zu Deutsch „weißer Blick", umfasst die etablierte Praxis, die Welt, beispielsweise medial und in künstlerischen Formaten wie Filmen, Serien, Büchern und Ausstellungen, durch die Perspektive der weißen, cis-heteronormativen Mehrheitsgesellschaft zu zeigen. White Gaze meint zudem nicht nur die Exklusion von Bi_PoC in verschiedensten Bereichen, sondern auch die Stereotypisierung dieser. Es sorgt dafür, dass von Bi_PoC ein bestimmtes Verhalten erwartet oder angenommen wird, schafft eine eurozentrische Deutungshoheit und Norm und erzeugt rassistisches Denken.

White Guilt

Von White Guilt, zu Deutsch „weiße Schuld", sprechen wir, wenn weiße Menschen Angst haben, rassistisch zu wirken und dadurch in ihrem Verhalten versuchen zu beweisen, dass sie es nicht sind. Beispiele dafür können ganz unterschiedlich sein, beispielsweise sich in der Bahn demonstrativ neben eine Bi_PoC-Person zu setzen oder Bi_PoC unaufgefordert vom eigenen antirassistischen Engagement zu erzählen. Um White Guilt handelt es sich auch, wenn Bi_PoC als systemische Opfer dargestellt werden, die sich nicht selbst helfen können und weiße Menschen dadurch einen falschen Sinn von Mitgefühl, nämlich Mitleid entwickeln, der sich nicht durch Allyschaft und Antirassismus ausdrückt, sondern durch Bevormundung und White Saviorism ➔.

White Privilege

White Privilege beschreibt dein Privileg, in einer Gesellschaft zu leben, die dein Weißsein als „normal" und „Richtwert" betrachtet und dich zur von Rassismus begünstigten Person macht. Weiße Menschen profitieren somit von Rassismus und sind Mitwirkende dieses Systems, was von und für weiße Menschen geschaffen wurde. White Privilege ist institutionell, konstitutionell und systematisch in unserer Gesellschaft verankert.

White Saviorism

White Saviorism, zu Deutsch „weißes Retter*innentum", ist ein Sammelbegriff für das Verhalten weißer Menschen, die denken, dass sie die Rettung für Bi_PoC wären und diese sich nicht selbst helfen könnten. Darin zeigt sich das Gefühl der Überlegenheit (siehe dazu auch White Supremacy➜), das ungleiche Machtverhältnisse verdeutlicht und erzeugt. Oft wird White Saviorism praktiziert, um im Mittelpunkt zu stehen, Komplimente und Anerkennung zu erhalten (siehe dazu auch Good-White-Person-Syndrome➜).

White Supremacy

Der Begriff White Supremacy, zu Deutsch „weiße Vorherrschaft", bezeichnet einerseits den Glauben weißer Menschen, dass die weiße Race* denen aller anderen Races* überlegen ist, und zeigt andererseits die Auswirkungen dieses Glaubens auf individueller, gesellschaftlicher und institutioneller Ebene.

White Tears

White Tears, zu Deutsch „weiße Tränen", bezeichnet das Verhalten weißer Menschen, sich im Rassismus-Kontext angegriffen zu fühlen und infolgedessen eine Reihe von Abwehrreaktionen zu zeigen. Es ist ein Versuch, sich als weiße Person im Rassismus-Diskurs zu zentrieren, Mitleid für sich zu generieren, sich aus Situationen herauszureden und sich letztendlich der Verantwortung zu entziehen.

Verwendungsweisen des Sternchens im Buch und ihre politischen Bedeutungen

* zwischen zwei Wortendungen: Leser*in

Diese Schreibweise soll dem generischen Maskulinum (das Vorgehen, Wörter, die Personengruppen jeglichen Geschlechts bezeichnen, nur in männlicher Form zu verwenden, zum Beispiel „Ärzte") entgegenwirken und nicht nur sprachlich inklusiver für binäre Geschlechter, sondern für alle Geschlechtsidentifizierungen sein. Es deutet ebenfalls an, dass neben den binären Geschlechtsidentitäten Frau und Mann weitere Geschlechtsidentitäten existieren.

* als Ersatz für einen Buchstaben

Diese Schreibweise verwenden wir, um -istische Begriffe zu zensieren, anstatt sie unkommentiert zu reproduzieren.

QUELLEN & LITERATUR

Hier möchten wir mit dir allgemeine Quellen und weiterführende Literatur teilen, von denen/der wir gelernt haben und die wir empfehlen. Diese Liste bietet keine Vollständigkeit – bei weitem nicht. Auch dich möchten wir zur weiterführenden Recherche und zum immerwährenden antirassistischen Lernen ermutigen. Teil deiner Eigenrecherche könnte daher beispielsweise sein, die Begriffe im Awareness-Glossar eigenständig nachzuschlagen und dich über die Wortherkunft zu informieren.

Doch vorweg: Es ist wichtig und unabdingbar, zu verdeutlichen, wer den Antirassismus-Diskurs und den Kampf führt und schon immer geführt hat: Schwarze Frauen, Femmes und queere Personen. Die meisten Fachbegriffe, die im aktivistischen Diskurs benutzt werden, wurden von ihnen etabliert. Bewegungen wie intersektionaler Feminismus, Body Positivity und Pride sind nur wenige Beispiele dafür, welchen gewaltigen Einfluss Schwarze Frauen, Femmes und queere Personen nicht nur auf den Antirassismus-, sondern so viele aktivistische Diskurse haben.

Zum Begriff „Intersektionalität": Juristin, Professorin, Autorin und Aktivistin Kimberlé Williams Crenshaw etablierte den Begriff erstmals in ihrem Essay „Demarginalizing the Intersection of Race and Sex: A Black Feminist Critique of Antidiscrimination Doctrine, Feminist Theory and Antiracist Politics" von 1980, um auf die Mehrfachmarginalisierung Schwarzer Frauen aufmerksam zu machen, die von Anti-Schwarzem Rassismus und Sexismus negativ betroffen sind. Aber auch Schwarze Aktivist*innen wie Angela Davis, Bell Hooks und Audre Lord trugen maßgeblich zur Aufklärung und Popularisierung von Intersektionalität, bezogen beispielsweise auf Race* →, Geschlecht, Sexualität und Klasse, in aktivistischen Diskursen bei.

Zum Begriff „Colorism": Autorin und Aktivistin Alice Walker definierte den Begriff erstmals in ihrem Buch *In Search of Our Mothers' Gardens* von 1983 als benachteiligende oder bevorzugende Behandlung von Menschen der gleichen Race* ➜ basierend auf ihrer Hautfarbe.

Zum Begriff „White Gaze":
Über die genaue Herkunft des Wortes ist nicht allzu viel bekannt. Allerdings waren es Schwarze Aktivist*innen, die darauf aufmerksam machten, beispielsweise Toni Morrison in ihrem Roman *The Bluest Eye*.

Unsere Literaturempfehlungen:

- Ayim, May; Oguntoye, Katharina; Schultz, Dagmar: *Farbe bekennen. Afro-deutsche Frauen auf den Spuren ihrer Geschichte.* Berlin: Orlanda Frauenverlag, 2020, 4. Auflage.

- Bergold-Caldwell, Denise; Digoh, Laura; Haruna-Oelker, Hadija; Nkwendja-Ngnoubamdjum, Christelle; Ridha, Camilla; Wiedenroth-Coulibaly, Eleonore: *Spiegelblicke. Perspektiven Schwarzer Bewegung in Deutschland.* Berlin: Orlanda Frauenverlag, 2016.

- Hasters, Alice: *Was weiße Menschen nicht über Rassismus hören wollen, aber wissen sollten.* Berlin: hanserblau, 2019.

● Lodge, Reni Eddo: *Why I'm No Longer Talking to White People About Race**. London: Bloomsbury Publishing, 2018.

Im Deutschen wurde der Titel folgendermaßen übersetzt: Warum ich nicht länger mit weißen Menschen über Hautfarbe spreche. Diese Übersetzung ist problematisch, da Race→ und Hautfarbe nicht das Gleiche sind.

● Lord, Audre: *Your Silence Will Not Protect You. Essays and Poems.* London: Silver Press, 2017.

● Ogette, Tupoka: *Exit Racism.* Münster: Unrast Verlag, 2019.

● Saad, Layla: *Me & White Supremacy. How to Recognise Your Privilege, Combat Racism and Change the World* (Interaktives Arbeitsbuch auf Englisch). London: Quercus, 2020.

GIB CREDITS

Jetzt bist du dran: Gib Credits!
Von welchen Menschen und Accounts lernst du?

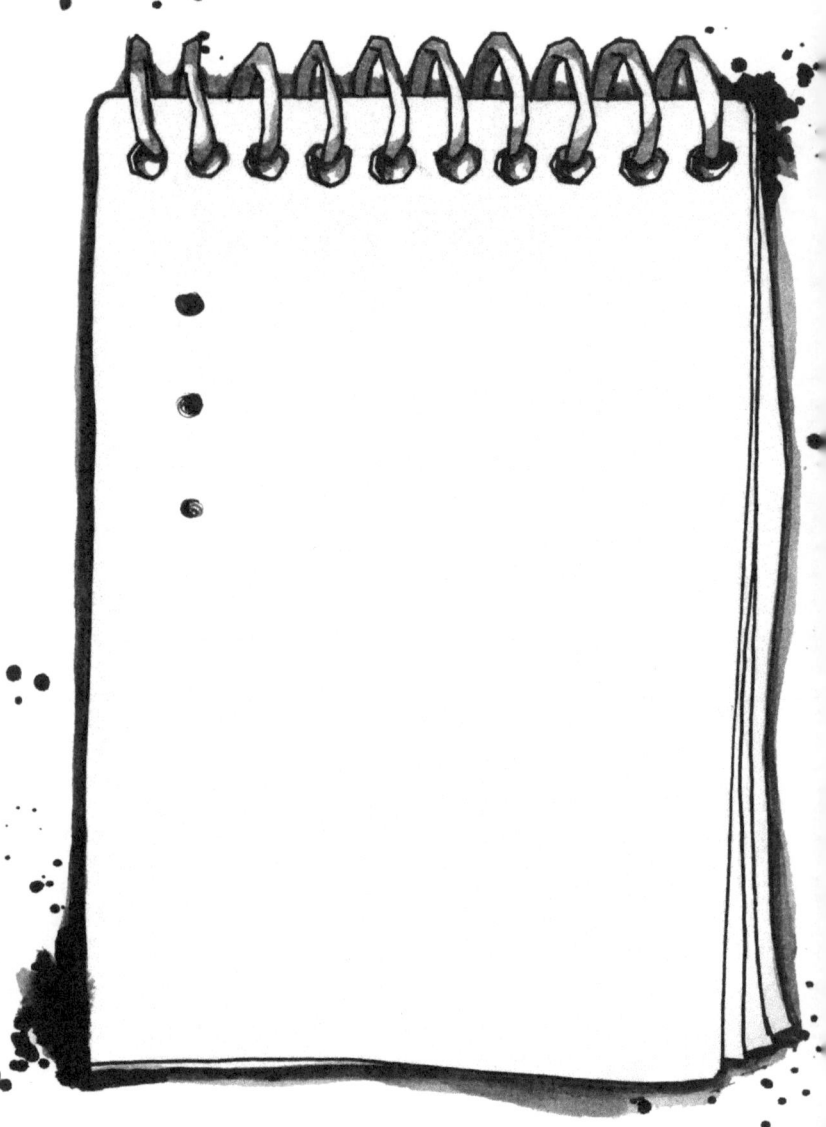

Dear Discrimination,
ich habe dich gelesen und jetzt ...

... denke ich das:

... fühle ich das:

... werde ich das als nächstes tun:

Außerdem: ...

DANKSAGUNG

Danke an alle, die uns auf unserem Weg begleiten, unterstützen und helfen, uns in unserer Arbeit und persönlich weiterzuentwickeln. Danke an den mikrotext Verlag, unsere Verlegerin Nikola Richter und unsere Gastverlegerin Laura Hofmann, die uns die Möglichkeit und Plattform gaben, dieses Buch zu schreiben. Wir danken ebenfalls allen, die unser Crowdfunding unterstützt haben. Ganz besonders danken wir unserer Community, mit der wir seit 2018 gemeinsam lernen und wachsen.

Ein riesiges Dankeschön möchten wir Hannah Marc für ihren Einsatz im Projekt aussprechen. Deine Illustrationen machen dieses Buch ganz besonders und wir freuen uns darauf, dich und deine Arbeit überall zu sehen.

Großer Dank gilt außerdem Rose Kapuya. Sie ist Rehabilitationspädagogin und Kunsttherapeutin für Bi_PoC und hat unser Manuskript vor Veröffentlichung gelesen. Ihr Fokus lag dabei auf Sprache und Machtstrukturen. Ihr Feedback unterstützte uns dabei, *Dear Discrimination* inklusiv und intersektional zu gestalten. Danke für deine konstruktive Kritik, dein Verständnis und deine Expertise.

Esin, Nats und Julia von Wirmuesstenmalreden

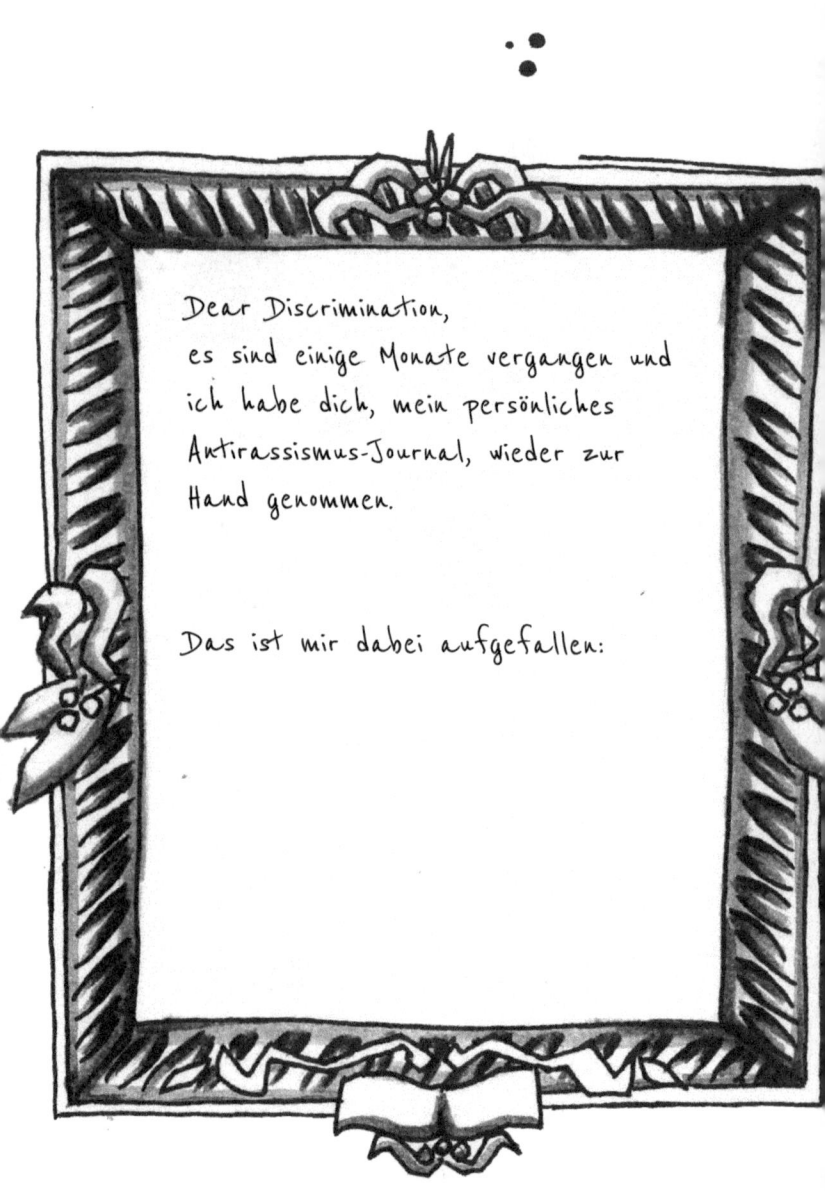

Dear Discrimination,
es sind einige Monate vergangen und
ich habe dich, mein persönliches
Antirassismus-Journal, wieder zur
Hand genommen.

Das ist mir dabei aufgefallen:

Das ist mir inzwischen bewusst geworden:

Das habe ich seither über Antirassismus gelernt:

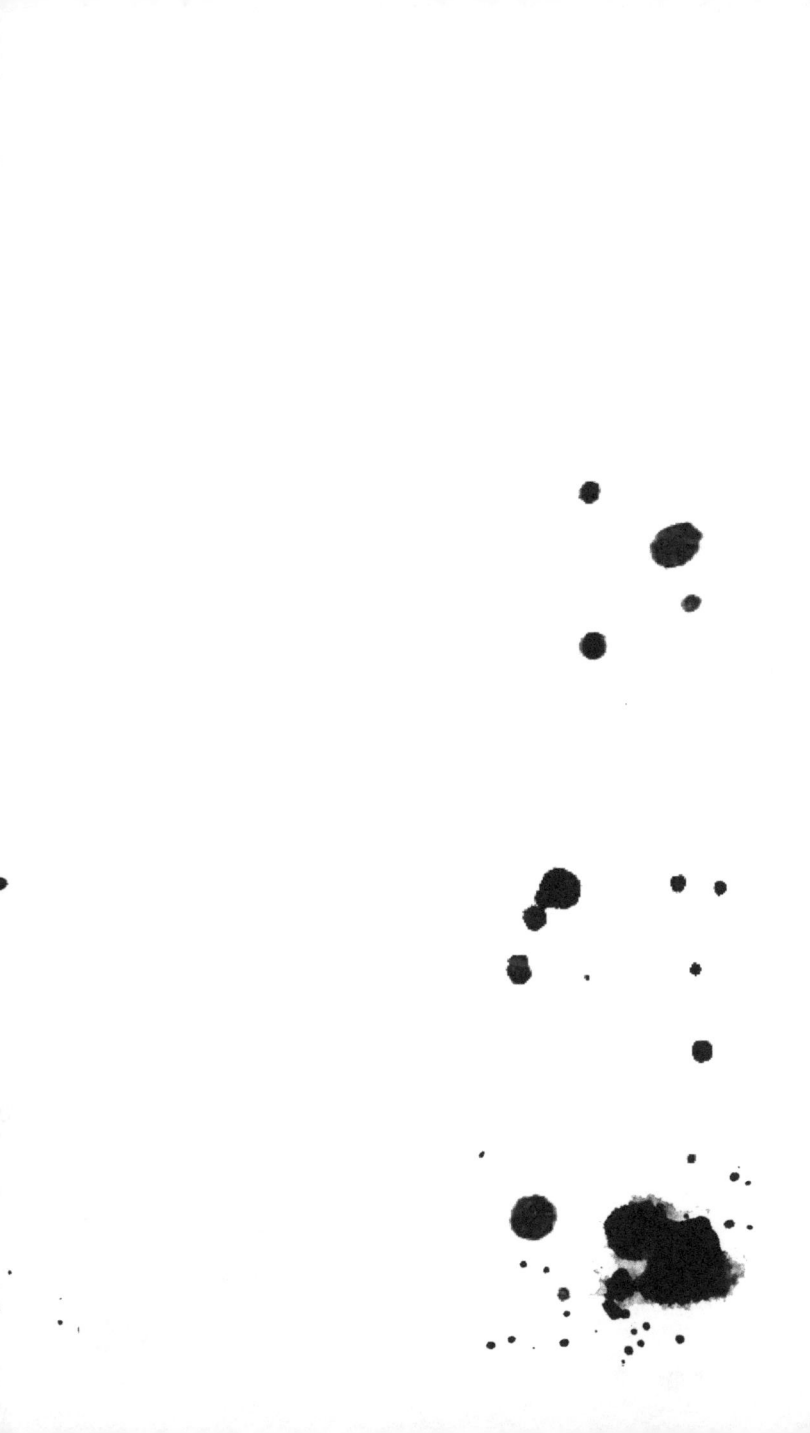

DEAR DISCRIMINATION

GESCHRIEBEN VON
WIRMUESSTENMALREDEN

MIT ILLUSTRATIONEN VON
HANNAH MARC

Ich empfehle dir dieses Buch, weil ...

Erhältlich als Buch oder E-Book überall im Buchhandel oder direkt beim
Verlag auf mikrotext.de

mikrotext

Hussein Jinah
Als Weltbürger zu Hause in Sachsen
Mit Sebastian Christ

Ein Sachse berichtet aus seinem Leben. Die faszinierende Geschichte des Inders Hussein Jinah, der auf einem britischen Dampfer geboren wurde, in Tansania und Südafrika aufwuchs und in den 1980ern als Gaststudent zum Studieren in die DDR kam.

„Ein wichtiges Buch."
Jens Uthoff, taz

„In seinem Buch erzählt er, wie er als Student in die DDR kam, vorbei an Grenzbeamten mit Kalaschnikows. Wie Kommilitonen eine Freundin noch vor der Wende ‚Ausländerschlampe' nannten. Und warum er trotzdem blieb."
Isabel Metzger, Spiegel Online

© mikrotext 2020, Berlin

www.mikrotext.de
facebook.com/mikrotext
twitter/mkrtxt
instagram.com/mikrotext

1. Auflage 2020
Coverillustration: Hannah Marc
Cover: Inga Israel
Satz: Anke Schneider
Schriften: PTL Attention, Minion
Druck und Bindung: CPI Books, Leck
Printed in Germany

ISBN 978-3-944543-96-3